あなたと学ぶ
ジェンダー平等

坂井 希 著
by Nozomi SAKAI

新日本出版社

はじめに

こんにちは。私は日本共産党中央委員会でジェンダー平等委員会の事務局長を務めています、坂井《さかい》希《のぞみ》と申します。全国各地で「ジェンダー平等」についての学習会の講師に呼ばれることが多く、自分なりにお話をしてきましたが、体一つで行ける範囲には限りがあり、このたび、本にまとめることになりました。

書店に行けば、「ジェンダー」をタイトルに冠した本は多数出ています。ジェンダー問題の専門家による、優れた著作も多数あります。しかし、初心者には難しかったり、扱われているテーマが身近に感じられなかったりして、なかなか手にとりづらいという声もありました。そこで、私が本を出すことになったのです。

私はジェンダーを学問として専門的に学んできたわけではありません。大学生のときに、バブル経済崩壊後の女子学生の就職難という問題に直面し、仲間とともに、女性差別をなくす展望がどこにあるのかを学びながら運動を起こした経験があります。それが、私個人がジェンダーに目覚めたきっかけでしたが、そういう中で学び、関心を持ってきたという範囲です。現在も、ジェンダーの専門家というよりは、政党のジェンダーを担当する部署で仕事をしているという立場です。ですから本書は「ジェンダー研究の」入門書ではなく、「日本共産党が」ジェンダーをどうとらえ、どう取り組んできたのか、これからさらにどう取り組んでいこうとしているかを、お伝えしていくものになります。

日本で最も古い歴史を持ち、今の自民党中心の政治の矛盾に最も鋭く斬り込む立場にあり、そして今の資本主義社会を乗り越えた、その先の未来社会までも展望している政党が、「ジェンダー平等」に取り組んでいる姿を知っていただくことは、きっと「ジェンダー」を、一人一人の生き方や価値観にも大きくかかわるもので、より良い社会を築いていくための〝必修科目〟なのだという視点で、とらえていただくきっかけになるのではないかと考えています。

タイトルに「あなたと学ぶ」とつけたのは、私自身も、これからも常に学び続ける必要があるとの思いからです。「ジェンダー」の学びに、完成はありません。しかし、まず一歩踏み出さないことには始まりません。最初の一歩を、ご一緒に踏み出していきましょう。

目次

序章
日本共産党はなぜジェンダー平等を綱領に掲げたのか

まず、日本共産党がなぜ「ジェンダー平等」を綱領に掲げるようになったのか、その経緯からお話しします。

党がジェンダー平等を綱領に掲げたのは、2020年1月に開かれた第28回党大会でのことです。もちろん、それまでジェンダー平等にかかわることを何もやってこなかったわけではありません。

1922年、党創立時の「綱領草案」で、党は「18歳以上のすべての男女に対する普通選挙権の実現」という先進的な要求を掲げました。戦前、治安警察法によって女性は政党加入を禁じられていましたが、その時代にも多くの女性が共産党に参加し、活躍していたことが、党史に記録されています。党が掲げてきた男女普通選挙権の要求は、戦後、日本国憲法に実りました。

戦後も、女性に対する結婚退職制、若年定年制、男女賃金差別や昇進・昇格差別をなくす裁判闘争など、女性たちの粘り強いたたかいや、「ポストの数ほど保育所を」など、暮らしを守り、女性の権利を掲げた運動が大きく発展し、党もこれにかたく連帯してたたかってきました。現在も党員数では男女は半々、女性の国会議員、地方議員もおおぜい活躍しています。

党はこのように、男女平等、ジェンダー平等にかかわる課題をずっと頑張って取り組んできたのです。一人ひとりが自分らしく生きられる社会にしていくためにさまざまな運動をしてきた日本共産党にとって、「ジェンダー平等」を掲げることは、ある種自然なことでした。詳しくは本書で述べますが、ジェンダー平等な社会をつくることを政党として打ち出すのは、当然の責任だと考えます。

日本共産党が「ジェンダー平等」という言葉を初めて公式に使ったのは、2019年の参議院選挙前の5月に開かれた、第27回党大会期の第6回中央委員会総会（以下、6中総）という会議でのことでした。

当時、私は中央委員会の政策委員会という部署で、参議院選挙政策をつくる仕事に携わっていました。政策の柱を議論する中で、「今度の参院選では『ジェンダー平等』を大きく打ち出す必要があるのではないか」ということになったのです。

その背景には、大きく2つのことがありました。

一つは、ジェンダーをめぐる情勢と国民のたたかいの急速な高まりです（資料1）。

2017年頃から、日本でも世界でも、性暴力やハラスメントに声をあげる

資料1　ジェンダーをめぐる情勢と国民のたたかいの高まり

2017年	伊藤詩織さん会見（5月）、刑法130年ぶりの改正（7月）、ハリウッド発#MeToo運動（10月）、総選挙（10月）
2018年	財務省セクハラ事件とメディアで働く女性ネットワークの結成（4〜5月）、政治分野における男女共同参画推進法施行（5月）、杉田水脈「生産性」発言（8月号）、女子受験生医学部減点事件発覚（8月）
2019年	「ヤレる女子大学生ランキング」記事に対する女子学生らの週刊『SPA!』編集部への記事撤回申し入れ（1月）、#KuTooオンライン署名開始（2月）、同性婚訴訟始まる（2月）、JCPWithYouサイトオープン（3月）、性暴力をめぐる無罪判決相次ぐ（3月）、フラワーデモ始まる（4月）、党ジェンダー政策発表（6月）、ILO総会でハラスメント禁止条約採択（6月）、参議院選挙（7月）、ジェンダーギャップ指数121位（12月）、伊藤詩織さん東京地裁で勝訴（12月）
2020年	日本共産党第28回大会（1月）

出所：筆者作成

「#MeToo」、声をあげた人を孤立させまいとする「#WithYou」の運動が、大きく広がりました。日本では、元TBS記者からのレイプ被害を告発した伊藤詩織さんの記者会見、財務省事務次官による女性記者へのセクハラ事件、医学部の女子受験生入試減点事件などが次々と起こり、「性差別・性暴力を許さない」という世論が沸騰しました。また性的マイノリティ（少数者）をめぐっても、2019年2月、同性婚を求める日本初の訴訟が全国4か所（東京、大阪、札幌、名古屋）の地方裁判所で始まる（9月には福岡でも提訴し5か所に）という画期的な動きがありました。こうしたたたかいの中に日本共産党も参加し、ともに情勢を前に動かす必要があるとの強い思いがありました。３月には、ジェンダー平等をめざす党の政策や情報を発信するための特設サイト（JCP With You）を立ち上げました。

もう一つは、２０１５年から始まった「市民と野党の共闘」です。共闘の中で、私たちが出会った市民のみなさんにとって、「ジェンダー平等」は大変大事なキーワードでした。「共産党もぜひ、この問題でもっと積極的に取り組んでほしい」との声がたびたび寄せられていました。また、２０１９年の参院選は、各党に候補者を男女同数とする努力を義務づけた「政治分野における男女共同参画推進法」が施行されて初めての国政選挙でもあり、どの党がジェンダー平等に熱心かが、有権者からもメディアからも注目されることが予想されました。

そういう認識に立ち、党は６中総で「ジェンダー平等」を参院選政策の大きな柱の一つに据えることを確認し、６月には「個人の尊厳とジェンダー平等のために」という政策を発表して選挙をたたかったのです。

実際にこれを掲げてみますと、思わぬところに党への期待と支持がグングン広がっていくのを目の当たりにしました。「野党共闘」に踏み出したことで党に信頼を寄せてくれた市民の方々が、「ジェンダー平等」を掲げたことで、さらに深い信頼を寄せてくれました。高校生・大学生などの若い世代から、「ジェンダー問題をハッキリ掲げている政党だから」と、ジェンダーに関するアンケートや質問状が届くようになりました。ジェンダー問題に先駆的に取り組んできた方々からも、「共産党が一番、私の思いに近い」という声を続々と寄せていただきました。日本共産党がジェンダー平等を掲げることが、こんなにも歓迎されるのか、こんなにも待たれていたのかと実感したのです。

そして、翌2020年1月の第28回党大会で、綱領にも「ジェンダー平等」が書き込まれました。大会決議案が発表されてからの2か月間、そして大会期間中も熱心に討論が行われ、満場一致で綱領改定案は採択されました。この党大会には、ジェンダー研究の第一人者の岡野八代・同志社大教授が、次のようなメッセージを寄せてくださいました。

「ジェンダーを見つめることは、自らの来し方を奥深くまで探り、問い直すことだと考えています。今回共産党が、ジェンダー問題に取り組むことを党の方針の中心に掲げられたことは、日本社会に巣食う性差別や不平等を変革するとともに、大きく自己改革にも取り組まれるのだと理解しました。まるで新しい政党が誕生したかのような感動を覚えました」（「しんぶん赤旗」２０２０年1月20日付より）

これが志位和夫委員長による「討論の結語」で紹介されたとき、党がジェンダー平等を掲げたことへの期待の熱さに感じ入って私も思わず声をあげたのでしたが、議場が大きくどよめいたことが忘れられません。

「突然『ジェンダー』なんてカタカナ言葉を使いだして、共産党は一体どうしたの?!」と思われた向きもあっただろうと思います。しかしこれは、ちょっと流行にのって、あるいは目先を変えるために使ってみた、というようなことではなかったのです。党の歴史を通じて掲げてきた男女平等の理念とたたかいの蓄積を土台に、国民のたたかいと情勢の発展に背中を押され、党自身がこれを掲げることが、今、必要なのだと、徹底的に議論をし、思い定めて掲げたのだということを、知っていただきたいと思います。

同時に、党が「ジェンダー平等」を掲げたことへの反響がこれだけ大きかったということは、裏を返せば、共産党はジェンダーの視点は弱い党だと見られていた、ということでもあるわけです。

実際、党の中にはさまざまな立ち遅れがあるという自覚を、党としても繰り返し表明しています。第28回党大会では、「私たち自身も、ジェンダーに基づく差別意識や偏見に無関係ではありません」（第28回党大会、綱領一部改定案についての中央委員会報告。大会決定集69ページ）と表明しました。また、２０２３年6月に行われた第８回中央委員会総会では、さらに踏み込み、「ゆがみや立ち遅れが、党員、とくに女性党員の生き生きとした力の発揮をさまたげている現状が、わが党の党内にも残されています」（第８回中央委員会総会、幹部会報告。文献パンフ26〜27ページ）と述べました。党自身まだまだたくさんの遅れを持っている、だから学び、自己改革する努力が必要だ、そういう認識を持つことが大切です。

第1章
ジェンダーってそもそも何？
――理論編

この章では、ジェンダーとはそもそも何かについて、お話しします。

1　気づこう！　ジェンダーの壁

「ジェンダー」ときくと「性的マイノリティ（LGBTなど）のこと」だと思っている方や、「フェミニスト（女性の権利を尊重し、女性に対する不平等の解消を唱える人）たちが言っていることで、自分には縁遠いし近寄りがたい」と感じている方がおられるかもしれません。しかし、実は「ジェンダー」とは、男性にも女性にも、すべての人に関わる問題です。

そのことに気づいてもらうために、党内の学習会で使われているのが、資料2に示した「気づこう！　ジェンダーの壁」チェックリストです。日本共産党愛知県委員会の皆さんが作成し、全国に広まりました。皆さんは、いくつくらいチェックがつきますか？

資料2　気づこう！　ジェンダーの壁

気づこう！ジェンダーの壁

普段の生活であたりまえだと思ってきたことが実はジェンダーだった…そういうことがあるかもしれません。

みんなでチェックしてみましょう。

- □ お茶は女性が出すものと思っている
- □ 男の子にはブルー、女の子にはピンクの服を着せたくなる
- □ 「長」・「主」がつくものは男性の役割だと感じる
- □ 家事や育児を「手伝うよ」と言う
- □ 「女には政治はムリ」と言われたことがある
- □ 女性の服装に意見を言いたくなったことがある
- □ 女性は女性専用車両があってうらやましいと思うことがある
- □ 結婚したら女性が名前を変えるのが普通だと思う
- □ 選挙のアナウンサーは女性、運転手は男性の役割だと思っている
- □ 力仕事は無条件に男性の仕事だと思っている
- □ 「子どもは早く産んだほうがいいよ」と言ったことがある

その他にも「コレってもしかして、ジェンダーの壁？」を見つけた人は、県委員会に教えてください。

出所：『ジェンダーってなんじゃ？　Q&A』パンフレット（日本共産党愛知県委員会）より

「お茶は女性が出すものと思っている」

「男の子にはブルー、女の子にはピンクの服を着せたくなる」

「家事や育児を『手伝うよ』と言う」

政党ならではの項目もあります。

「選挙のアナウンサーは女性、運転手は男性の役割だと思っている」

選挙事務所の中で、無意識のうちに、アナウンサー（宣伝カーに乗ってマイクで原稿を読み上げる人）や炊き出し、来客対応は女性、運転手や会議の進行は男性など、性別で役割が割り振られているということは、けっこう珍しくないのではと思います。いかがでしょう。どなたも意外と、チェックがつくのではないでしょうか。

今見たような「男はこうだ」「女はこうあるべき」というようなものの見方、考え方、価値観、役割分担は、私たちが生まれてから、家庭でも、学校でも、会社の中でも、地域社会でも、あるいはメディアからも、毎日シャワーのように絶え間なく降り注いでいるもので、誰もがその影響を受けています。そういう意味で、一般には「社会的・文化的につくられた性差」と定義されています。ここで大事なのは、「つくられたものなのだから変えられる」ということに気づくことです。

2　政治によって押しつけられたもの

同時に、人々がそういう意識を持っていることは、決して自然現象ではないということがポイントです。私は、同志社大学の岡野八代先生が、2019年の革新懇（「平和・民主・革新の日本をめざす全国の会」）の全国交流会に寄せたメッセージ（22ページに抜粋）が、とても大事な指摘だったと考えています。

岡野先生は、「ジェンダーとは、個々人に強い力で強制される政治的性差だ」と述べ、次のように説明しています。

「男らしさ」や「女らしさ」といったジェンダー規範は、個々人の言葉遣いや身のこなしなどを規定するにとどまらず、国家を根底から支える秩序として利用されている。たとえば安倍政権は、女性活躍と言うけれども、実際には女性は正規の労働から排除され、女性のひとり親家庭では女性も、その子どもも、貧困にあえぐ状況がある。

それらは、本当は安倍政権の労働政策や社会保障政策に原因があるのだが、何か私たちは、それを「ああ、女だからね」「仕方ないよね」「この社会はそういうものだ」と思い込み、あきらめさせられ、深く考えないようにさせられている。これがジェンダーだ――こういう指摘です。

ジェンダーとは、社会的文化的性差と一般的には定義されていますが、わたしは、現在の政治状況のなかで、ジェンダーとは、個々人に強い力で強制される政治的性差だと考えるべきだと思うようになりました。（中略）「男らしさ」や「女らしさ」といった規範は、わたしたちの言葉遣い、身のこなし方まで規定する力をもっています。それだけでなく、じっさいには、国家を根底から支える一つの秩序です。（中略）

安倍政権下では、女性活躍といいながら、女性の多くは正規労働から排除され、家事責任の大半を担わされ、男性世帯主がいない女性親ひとり親世帯では、母親はいうまでもなく、多くの子どもたちが貧困にあえいでいます。このしくみが、いかに政治的な労働政策や社会保障制度のなかで作り出されてきたかを見えなくしていものこそが、ジェンダー秩序に他なりません。(中略) ああ、それは女性だしねと、わたしたちに深く考えさせなくしているものこそが、ジェンダーに他なりません。(岡野八代・同志社大教授、2019年10月19・20日「地域・職場・青年革新懇全国交流会in兵庫2019」への特別発言より一部抜粋)

確かに「社会的・文化的につくられた性差」という一般的な定義だけだと、「文化だから仕方がない」とか「人々の意識の問題」という理解にとどまってしまうかもしれません。しかし岡野先生が指摘したように、これらは政治によって押しつけられてきたし、今も押しつけられているものなのです。

そうしたことも踏まえて、日本共産党は「ジェンダー」を次のように定義しました。

ジェンダーとは、社会が構成員に対して押し付ける「女らしさ、男らしさ」、「女性はこうあるべき、男性はこうあるべき」などの行動規範や役割分担などを指し、一般には「社会的・文化的につくられた性差」と定義されていますが、それは決して自然にできたものではなく、人々の意識だけの問題でもありません。

時々の支配階級が、人民を支配・抑圧するために、政治的につくり、歴史的に押し付けてきたものにほかなりません。（第28回党大会、綱領一部改定案に対する中央委員会報告。大会決定集67ページ）

ジェンダー平等を実現するためには、一人一人の意識を変えることももちろん必要だし大切なことですが、根本的には、ジェンダーを利用して人々を支配、抑圧している政治を変えるたたかいでもあるのだということを、強調したいと思います。

3 「男女平等」とは違うのか

よく「『男女平等』と『ジェンダー平等』は違うのか」という質問もあります。党大会報告では次のように述べています。

ジェンダー平等社会をめざすとは、あらゆる分野で真の「男女平等」を求めるとともに、さらにすすんで、「男性も、女性も、多様な性を持つ人々も、差別なく、平等に、尊厳をもち、自らの力を存分に発揮できるようになる社会をめざす」ということであると、考えるものです。（前述と同じ）

ここにあるように、ジェンダー平等は「男女平等」を含む言葉です。今もさまざまな分野で、男女の不平等があります。その解消を求めていくことは、引き続き「ジェンダー平等」をめざす運動の中の大事な柱です。

同時に、「性別は男と女にきっぱり分けられ、この2つしかない」のではなく、性とはもっと多様なものだということが知られるようになってきました。ジェンダー平等という言い方は、そうした多様な性も包摂して表現できます。

また、ジェンダー不平等というのは、単に女性や性的マイノリティの人たちの生きづらさの原因になっているというだけではありません。男性も、「男は泣くな」とか「妻と子どもを養って一人前」とか「女に負けるのは男の恥」だとかという、歪《ゆが》んだジェンダー規範を押しつけられ、それが女性に対する蔑視や攻撃性になってしまう人もいれば、アルコールやギャンブル、薬物などの依存症、あるいは競争主義や成果主義に追いまくられてワーカホリック（自分の健康や趣味よりも仕事を一番に優先して、常に働いていないと気が済まない状態）になってしまう原因にもなっています（斉藤章佳『男尊女卑依存症社会』（亜紀書房、２０２３年）より）。男性の方が自殺率が高いのも、「男は弱音をはいてはいけない」といったジェンダー規範のしばりが、きついからではないかと考えます。そうしたものから解き放たれ、誰もが性別にかかわらず、個人の尊厳を大切にされ、自分らしく生きられる社会を目指す考え方が、ジェンダー平等です。

ジェンダー平等を目指す運動の中では、「おっさん政治を打ち破ろう」とか「男社会とのたたかい」などの表現が使われがちです。それはそういう表現を使わざるを得ないくらい、日本の男女格差がひどすぎるからなのですが、男性の皆さんからすると、男性をひとくくりにして責められているようで、ちょっと受け入れがたいと感じるかもしれません。しかし、今、お話ししてきたように、ジェンダー平等は、すべての人の「個人の尊厳」が大切にされる社会、男性も、女性も、性的マイノリティの人たちも、誰もが生きやすい社会を目指そうということであって、決して「男性＝敵」という考え方ではないのです。歪んだ価値観を人々の頭に刷り込んできたことも含め、政治の責任を問い、女性だけでなく、男性もともに運動とたたかいを進めようということです。

「個人の尊厳」「政治の責任を問う」——この2つを、「ジェンダー平等」を考えるときには必ず踏まえるということを、ぜひ確認しておきたいと思います。

第2章
世界の流れはどうなっているの？
――歴史編

次に、「歴史」のお話をしたいと思います。

1 「世界の構造変化」がジェンダー平等を後押ししてきた

実は、日本共産党の綱領の中で「ジェンダー平等」という言葉が一番最初に出てくるのは、第3章「二一世紀の世界」のところです。

綱領の中でこの章は、20世紀から21世紀にかけての歴史を分析し、歴史の本流はどこにあるのかを論じて、日本の変革の展望を示しています。2020年1月に開かれた第28回党大会での綱領一部改定は、この第3章の改定が中心でした。綱領改定では、20世紀の世界的な変化の内容として「植民地体制の崩壊」に光を当て、これを「世界の構造変化」と位置づけました。そして、その「構造変化」がもたらした前向きの変化として、3つをあげました。核兵器廃絶をめざす流れ、平和の地域協力の流れ、そして国際的な人権保障です。ジェンダー平等は、この3つ目との関係で出てきます。

改定綱領で新しく盛り込まれた第3章9節には、次のような記述があります。

　二〇世紀中頃につくられた国際的な人権保障の基準を土台に、女性、子ども、障害者、少数者、移住労働者、先住民などへの差別をなくし、その尊厳を保障する国際規範が発展している。ジェンダー平等を求める国際的潮流が大きく発展し、経済的・社会的差別をなくすこととともに、女性にたいするあらゆる形態の暴力を撤廃することが国際社会の課題となっている。

　ここでいう「二〇世紀中頃につくられた国際的な人権保障の基準」とは、1945年の国連憲章、1948年の世界人権宣言、1966年の国際人権規約といった、普遍的・包括的な取り決めを指しています。それを土台に、資料3にあるような、さまざまな分野での差別をなくし、尊厳を保障する一連の国際条約や宣言が、国連で採択されてきました。

　これらの人権規範の豊かな発展をかちとった力は全世界の草の根からの運動ですが、同時に、植民地体制の崩壊という「世界の構造変化」も積極的影響をおよぼしました。

資料3　人権に関する主な条約

1979年	女性差別撤廃条約
1989年	子どもの権利条約
1990年	移住労働者権利条約
1992年	「民族的または種族的、宗教的および言語的少数者に属する者の権利に関する宣言」
2006年	障害者権利条約
2007年	「先住民の権利宣言」

出所：筆者作成

綱領改定案報告では、次のように述べています。

途上国が国際社会の不可欠の構成員としての地位を占めるようになるもとで、途上国の人権問題――貧困、差別、暴力などの問題に光があたるようになり、そのことが先進国も含めた世界全体の新しい人権保障の発展を促す――こうしたダイナミックな過程が進んでいます。

（第27回党大会期第8回中央委員会総会、綱領一部改正案についての提案報告。大会決定集37ページ）

ジェンダー平等も、まさにそうした経過をたどりました。国際連合（国連）の歴史から見てみましょう。

国連は、第2次世界大戦後の創設当初から、人権尊重、男女平等の実現を理念として掲げました。国連の前身に国際連盟がありましたが、これは「平和維持」を目的に設置されたけれども、第2次世界大戦が起きることを防げませんでした。そのことへの反省に立ち、国連は、外交や安全保障問題だけではなく、経済・社会問題の取り組みを重視しなければならないということで、経済社会理事会という機構を設けました。その中に、女性の地位委員会（United Nations Commission on the Status of Women 略称ＣＳＷ）というものが設置され、女性の地位向上や男女平等は、ここで取り扱われることになりました。

国連の発足当初の加盟国は51か国でした。その多くは欧米の先進国、大国であり、植民地を持つ宗主国でした。初めのころは、国連で女性の問題が議論される場合も、当時の欧米の女性運動と連携し、「女性にも参政権を」とか「教育や職業の分野での男女平等を」ということが主なテーマでした。端的に言えば、男性に保障されている権利を女性にも与えよ、という問題が中心だったわけです。

こうした初期の活動は、１９６７年の女性差別撤廃宣言に実ります。

そして、この宣言の趣旨を実現するため、１９７５年を国際女性年とし、その条約化をめざすことが決まりました。

国際女性年のスローガンは、当初、シンプルに「平等」としようということで議論

資料４　国際連合加盟国数の推移

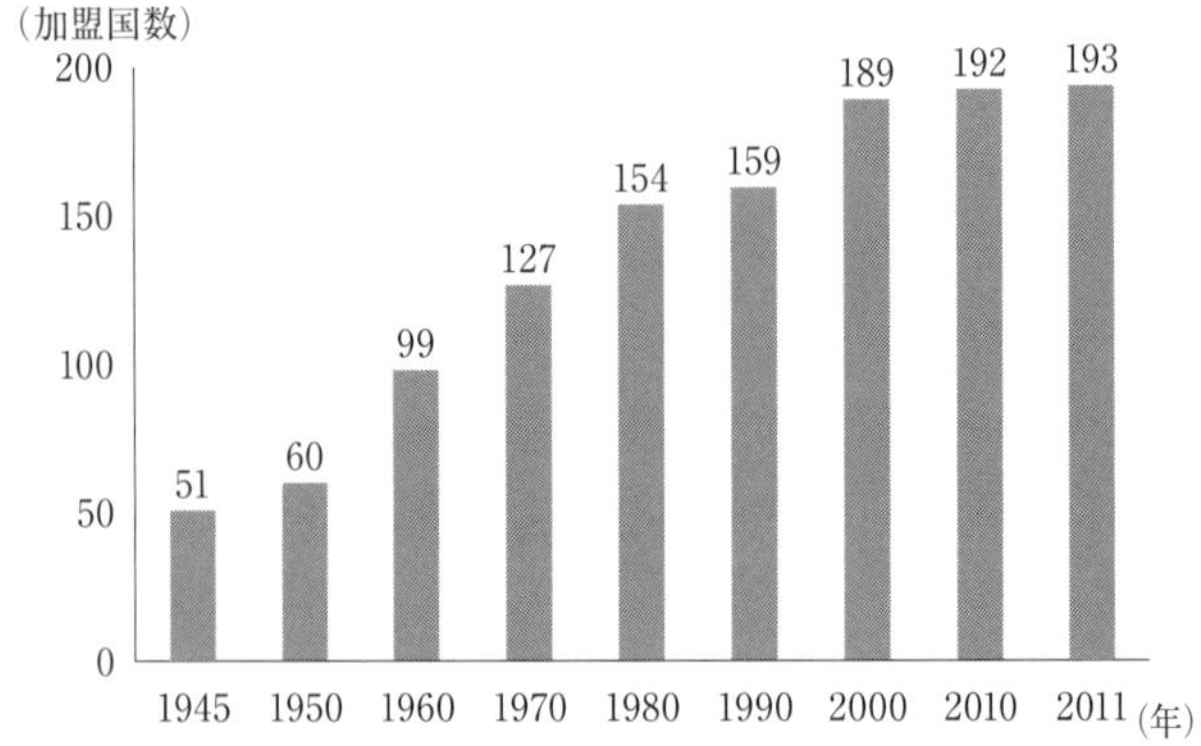

出所：国連広報センターの資料より作成

がされていました。しかし、１９６０年代あたりから、次々と旧植民地が独立し、その代表が国連に参加するようになります（資料４）。すると、国連や女性の地位委員会で議論される中身も変わってきました。途上国の代表からは「貧しさから解放されなくては、女性の地位向上どころではない」との声があがり、国際女性年のスローガンとして「開発」が提起されました。また、ソ連圏やアラブ諸国からは、政情が不安定だと女性の地位向上もないということで、「平和」との意見が出されました。それで、国際女性年のスローガンは、「平等、開発、平和」となったのです。このスローガンに「世界の構造変化」が反映しているのです。

そして、国際女性年の1975年、メキシコのメキシコシティで第1回世界女性会議が開かれました。このメキシコ会議にはNGO（非政府組織）の女性たち約6000人が参加しましたが、政府間会議でもNGOフォーラムでも、「女性の課題」や「男女平等」のとらえ方をめぐる違いから、先進国代表と途上国代表との間で、たびたび激論になったそうです。日本から参加した方の手記では、「抑圧の歴史を一気に打ち砕こうとする第三世界の女たちの、まるで活火山のような爆発的な怒りのエネルギー」（吉武輝子氏）と表現されています。先進国の代表に対して、アジアやアフリカの女性たちが「経済的侵略の問題を抜きにして女性問題を語ることはできない」と詰め寄るような状態だったそうです。

この対立は、1980年の第2回世界女性会議（デンマーク・コペンハーゲンで開催。NGOからの参加は約7000人）でも見られましたが、徐々に相互理解が進み、1985年の第3回世界女性会議（ケニア・ナイロビで開催。同1万5000人）では、「婦人の地位向上のためのナイロビ将来戦略」という文書を、総意で採択することができました。これには、法的平等とともに、女性に対する暴力や、リプロダクティブ・ヘルス&ライツ（性と生殖に関する健康と権利）の問題、貧困問題など、途上国の女性から提起された課題も盛り込まれました。

第4回世界女性会議は1995年、中国・北京で開かれましたが、NGOから約3万人もの女性が参加したこの会議は、女性についてのあらゆる問題が取り上げられるとともに、「ジェンダー」という言葉が国際文書で初めて大きく打ち出されたという点でも画期的な場となりました。これ以降、国連では「ジェンダー平等」が、あらゆる課題を貫く大きなスローガンとして使われるようになりました。

今では、国連の2030年までの持続可能な開発目標、いわゆるSDGｓの中にも、ジェンダー平等は全体を貫く柱として位置づけられています。


（参考文献）
＊織田由紀子「グローバルな女性運動の形成と展開」（山下泰子、植野妙実子編著『フェミニズム国際法学の構築』〔中央大学出版部、2004年〕所収）
＊吉武輝子「世界女性会議への参加」（行動する会記録集編集委員会編『行動する女たちが拓いた道――メキシコからニューヨークへ』〔未來社、1999年〕所収）
＊日本婦人団体連合会編『婦団連のあゆみ　平和・平等めざす共同と国際連帯の歴史』（2009年）

2　女性差別撤廃条約の制定と、その具体化・実践

「歴史」という点でもう一つ大事なトピックとして、女性差別撤廃条約の歴史を見てみます。

女性差別撤廃条約は１９７９年に成立しました。この条約は、「世界の女性の憲法」と言われる、非常に重要でパワフルな条約ですが、その後、世界で具体化と実践が豊かに進み、その内容を発展させてきたという点でも、特筆すべき条約です。

条約採択から40年余りの間に、３点ほど大きく発展した内容があると言われています。

「差別」のとらえ方と国の責務についての考え方が深まった

1つ目は、「差別」のとらえ方が深まったことです。法律に残っていた差別を解消し、形の上では平等にしたにもかかわらず、結果の平等は達成されていない課題は、たくさんあります。表向きは差別していないように見えても、一方の性に対して明らかに不利益となる「間接差別」というものがあると知られるようになりました。「間接差別」の典型例は、日本の大手企業で採用されている「コース別雇用管理制度」です。正社員でも、転勤や残業に応じられる者は幹部・管理職候補である「総合職」として、応じられない者は「一般職」として雇う手法です。これにより、総合職はほとんど男性、一般職はほとんど女性となって、男女の賃金格差や、管理職に占める女性の割合の低さなどが生まれてしまうのです。

それから、女性は差別されているが、女性の中でもさらに、障害があったり、外国籍・移民だったり、性的マイノリティだったりすると、差別は二重三重に重いものになる、そういう「複合差別」というものがあると知られるようになりました。

このように「差別」のとらえ方が深化したことによって、女性差別撤廃条約の加盟国には「差別をしない」という消極的義務だけでなく、差別をなくす「積極的な行動」＝ポジティブ・アクションをとる義務がある、と考えられるようになりました。たとえば、女性参政権が実現し、制度上は女性も男性と同じように国会議員になれるはずなのに、なかなか女性の国会議員が増えていかない現状を是正するため、世界各国でクオータ制（議席や候補者に女性枠をつくる取り組み）が導入されているのは、そのポジティブ・アクションの一つです。クオータ制は2021年現在、世界で129の国・地域で実施されているといいます（三浦まり『さらば、男性政治』〔岩波新書、2023年〕より）。こうした積極的な是正措置は逆差別（女性を優遇し男性の権利を蔑《ないがし》ろにするようなこと）には当たらないというのが、世界の議論の到達点です。

「女性に対する暴力」が女性差別と認識されるようになった

2つ目は、女性に対するあらゆる暴力をなくしていくことが、国際的な課題に躍り出たことです。

１９７９年に成立した当時、女性差別撤廃条約には、暴力の問題は明記されませんでした。女性差別といえば、みんなが思い浮かべるのは「女性には参政権がない」「教育や職業の分野で男女差別がある」「子育ての責任が女性に偏っている」などの法的・社会的な不平等の問題が中心で、暴力の問題は念頭になかったのです。

女性に対する暴力の課題が初めて登場した国際文書は、前の節でお話しした、１９８５年第３回世界女性会議で採択された「ナイロビ将来戦略」でした。そして、さらにこれが大きな国際的課題となったきっかけは、１９９０年代に旧ユーゴスラビアやルワンダ紛争下での戦時性暴力——戦争の混乱の中で散発的にレイプがあったということではなく、軍事侵攻上の作戦として集団レイプが行われていた——が世界に衝撃を与えたこと、そして韓国人女性の金学順《キムハクスン》さんが１９９１年８月14日、自分が日本軍の「慰安婦」にされた当事者であることを世界に向けて告発したことでした。これを受けて、国連女性差別撤廃委員会は１９９２年に「一般勧告19」を出し、女性に対する暴力は、女性差別撤廃条約の第１条が規定する差別に該当する——女性に対する暴力は女性差別だという解釈を打ち立てました。これにより、ＤＶ（家庭内暴力）、レイプ、女性性器切除、セクシュアル・ハラスメントなど多くの暴力に関わる問題が、女性差別撤廃委員会で取り上げられるようになりました。

実はここには、大きな発想の転換、発想の飛躍がありました。人権が大事だということは、戦後、国際連合が誕生したときから、国連の理念に掲げられていたことはお話ししたとおりです（第1章）。しかし、その「人権」といった場合にメニューに並ぶのは、主に〝公権力による人権侵害から人民を守る〟課題でした。言論の自由、表現の自由、信教の自由、結社の自由など、市民的・政治的権利の問題がイメージされ、これらを守るのが国際人権法の役割である、国家の役割であるというのが、一般的な理解だったわけです。

一方、女性に対する暴力はどうでしょうか。戦時性暴力に関しては、国家権力による暴力としてとらえられるため、人権侵害であることがわかりやすかったとも言えます。しかし、DV、レイプ、セクハラなどの多くは、国家権力・公権力からではなく私人から、また、家庭や友人・知人間においてなど多くは私的領域において起きている暴力です。確かに人権侵害ではあるけれども、それらはプライベートな問題であるとして、長く、国際人権法による規制の対象とは考えられてこなかったのです。〝国家や法律は、そこには立ち入らないよ〟ということです。

資料5　女性に対する暴力撤廃宣言

1条　本宣言上、「女性に対する暴力」は、女性に対する肉体的、精神的、性的又は心理的損害又は苦痛が結果的に生じるか若しくは生じるであろう性に基づくあらゆる暴力行為を意味し、公的又は私的生活のいずれで起こるものであっても、かかる行為を行うという脅迫、強制又は自由の恣意的な剥奪を含む。
4条　国は、女性に対する暴力を非難すべきであり、その撤廃に関する義務を回避するため如何なる慣習、伝統又は宗教的考慮をも理由として援用してはならない。国は、あらゆる適切な手段を以て遅滞なく女性に対する暴力を撤廃するための施策を推進すべきであり、この目的のため、次のことを行うべきである。
（c）女性に対する暴力行為を、かかる行為が国により行われたか又は個人によるものかを問わず、防止し調査しまた国内法に従って処罰するためしかるべき努力を払う。

出所：女性に対する暴力撤廃宣言（1993年）一部抜粋（外務省仮訳より）

それを変えたのが、先ほどの「一般勧告19」と、それに次いで1993年に国連総会で採択された「女性に対する暴力撤廃宣言」でした（資料5）。

ポイントとなるところに下線を引いてあります。第1条で「女性に対する暴力」は、「公的又は私的生活のいずれで起こるものであっても」許されない、ということが書かれています。そして第4条（c）では、女性に対する暴力が「国により行われたか又は個人によるものかを問わず」、国はそれを「防止し調査しまた国内法に従って処罰するためしかるべき努力を払う」責務がある、このように宣言されています。

これは、女性に対する暴力は人権侵害であ

ると声をあげ、国がこれをなくす責務を果たすべきだと声をあげ続けた人々の、努力の結晶だったのです。

こうした議論を経て、その後世界では、「女性に対する暴力」の撤廃が国際人権・人道法の主要課題の一つに位置づけられるようになりました。暴力は行為者の意図だけでなく、ジェンダー不平等の社会構造にも由来することから、性暴力に関する刑罰の中核には「同意の有無」を置かなければならないというのが国際的な認識となり、国連女性の地位向上部『女性に対する暴力に関する立法ハンドブック』（２００９年）や、欧州評議会「女性に対する暴力及びドメスティック・バイオレンス（ＤＶ）防止のための欧州評議会条約（通称イスタンブール条約）」（２０１１年）に、そのことが記されました。

ジェンダー不平等の構造のもとでは、上位者である男性が求める性的行為に対し、下位者である女性は、たとえ暴行や脅迫がなかったとしても「ノー」が言いにくい状況に容易に置かれます。しかし、下位者であるがゆえに「ノー」と言えないことを、上位者は「イエス」の意思表示だと解釈するのです。性暴力をなくすにはこの構造を踏まえて、いかに相手の「同意」を上位者に確認させるかを考えなければなりません。

世界の国々はこの国際人権基準に基づき、「同意の有無」を中核とした法制度への改正を推し進めてきました。最も進んだ法制度をつくったのはスウェーデンです。以前は日本と同様に「暴行または脅迫」が伴ったらレイプ罪が成立するという型の刑法を持っていましたが、1980年代以降、2度の改正を経て、2018年に「Yes means Yes」型（積極的同意モデル。イエスのみを同意と見なす）の法改正を実現しました。

イギリス、カナダ、米ニューヨーク州、ドイツなどの刑法は「No means No」型（拒否モデル。被害者が同意していない性行為は罪とする）です。うちドイツでは、近年まで強姦《ごうかん》罪の成立には「暴行または脅迫」が必要とされていましたが、2015年に大きな性暴力事件が起きて刑法改正を求める声が高まり、イスタンブール条約に合致する条文を導入するため、2016年に「暴行・脅迫要件」をなくし、加害者が被害者の「認識可能な意思に反して」性行為を行ったら犯罪とするよう改正されました。

ところが、日本はこの議論から立ち遅れました。「女性に対する暴力撤廃宣言」が採択されて四半世紀、日本では法改正の議論すらまともに行われてこなかったのです。2019年に、相次いだ性暴力の無罪判決に抗議し、性暴力の根絶を求めて花を持って集まるフラワーデモが始まりました。そこで「刑法の暴行・脅迫要件の撤廃を」と求める声があがったときに、どういう声が彼女たちに対して投げかけられたでしょうか。「法律のことをわかっていない」「性交という私的行為に対する国家の介入を許すのか」「冤罪《えんざい》が増えたらどうするのか」――こうした声が広くあがりました。

もちろん、冤罪を防ぐことは大事です。しかし、痴漢やレイプの話になると「冤罪が起きたらどうする」という声が反射的に出てくる根底には、〝冤罪は国家権力による人権侵害であって重大だが、それに比べて、私人同士の間で起こるレイプなどの被害は軽い、国や法律が立ち入るべき問題ではない〟といった古い認識、女性に対する性暴力がいかに深刻な人権侵害であるかということについての感度の低さがあることは、否めないのではないでしょうか。

日本共産党は綱領改定で「ジェンダー平等」を書き込んだ際に、「女性にたいするあらゆる形態の暴力を撤廃することが国際社会の課題となっている」と、暴力の問題を明記しました。これは日本の遅れを取り戻し、世界の最先端の水準に追いつこう、日本共産党はその先頭に立とうという決意の表明であったと私は理解しています。

2023年夏、ついに日本でも刑法改正が実現し、「不同意性交」が罪とされるようになりました。これは、性暴力・性虐待の被害当事者の皆さん、ずっと支えてこられた支援者の皆さんの声と、フラワーデモなどの草の根での運動が政治を大きく動かした結果です。同時に、党が綱領に暴力根絶の課題を明記し、ともにたたかったことも後押しになったことは間違いないと確信を持っています。

（参考文献）

＊日本学術会議提言「『同意の有無』を中核に置く刑法改正に向けて――性暴力に対する国際人権基準の反映」（２０２０年9月29日）

＊金城清子「フェミニズム国際人権法の展開」（山下泰子、植野妙実子編著『フェミニズム国際法学の構築』〈中央大学出版部、２００４年〉所収）

リプロダクティブ・ヘルス＆ライツ

女性差別撤廃条約の３つ目の発展は、リプロダクティブ・ヘルス＆ライツが政治の対決点となってきたことです。子どもを産むか産まないか、何人子どもを産むかなどは、妊娠・出産の当事者である女性の自己決定が保障されるべきだという考え方は、

1990年代半ば頃に国際的なコンセンサス（合意）となりました。1995年の第4回世界女性会議で採択された北京行動綱領には次のような一文があります。

すべてのカップルと個人が自分たちの子どもの数、出産間隔、ならびに出産する時を責任をもって自由に決定でき、そのための情報と手段を得ることができるという基本的権利、ならびに最高水準の性に関する健康およびリプロダクティブ・ヘルスを得る権利を認める。（第4回世界女性会議行動綱領の総理府仮訳。男女共同参画局ホームページより抜粋）

この当時はまだ中絶に対する反対も根強く、カトリックの信徒が多く保守的な国々では中絶が禁止されてきました。しかし21世紀に入ってから、スイス（2002年）、ポルトガル（2007年）、アイルランド（2018年）、アルゼンチン（2020年）、メキシコ（2021年）などのカトリックの国々でも、次々と中絶の合法化が実現しています。

一方、アメリカではトランプ大統領の指名によって最高裁判事の過半数が保守派となった結果、2022年6月、人工妊娠中絶を憲法上の権利と認める1973年の「ロー対ウェイド判決」が覆され、2023年6月までに50州のうち14州で中絶が原則禁止される（毎日新聞2023年6月25日付）という揺り戻しも起きました。まさに今、最も熱い対決点となっているといえるでしょう。

なお、日本は後でも述べますが、リプロをめぐっても大きく遅れた地点にあります。

（参考文献）

＊『女性差別撤廃条約とジェンダー平等——条約が求める「国のかたち」』（林陽子〔弁護士・国連女性差別撤廃委員会前委員長〕著、2019年1月、日本婦人団体連合会）

世界と日本での草の根の運動が、これらの発展を促してきた

強調したいのは、これらの発展を促してきたのは、世界と日本での草の根の運動だということです。そして、日本の遅れを指摘してきましたが、日本でも、序章で述べた党創立以来のたたかいを含め、男女平等、ジェンダー平等を目指す運動は、たくさ

ん取り組まれてきました。

「ジェンダー平等」を人権の課題として政治の中心に押し上げてきた世界の流れの一翼を、日本の運動も担ってきた。このことはしっかり確信にし、その到達を大切にしながら、さらに今、深刻な立ち遅れに正面から目を向けて、世界の最先端の水準に追いつこうと努力する必要があるのだということを強調したいと思います。

3　日本はなぜジェンダー平等がこんなに遅れているの？

日本は世界でもとりわけジェンダー平等が遅れた国です。スイスに本拠地があるシンクタンク「世界経済フォーラム」が２００６年から毎年発表している、男女平等の達成度を示す「ジェンダーギャップ指数」では、最新の２０２３年の数字で、日本は世界１４６か国中１２５位と、過去最低を記録しました（資料６）。

「ジェンダーギャップ指数」とは、経済、教育、健康、政治の４分野で、男女平等の達成度を数値化したもので、1が完全平等、0が完全不平等をあらわします。

日本は「教育」が0・997、「健康」は0・973で、それぞれ1（完全平等）に近いのですが、足を引っ張っているのは「経済」（0・561）と「政治」（0・057）の分野です。

G7（主要7か国）の他の国々は、ドイツが6位、イギリスが15位、カナダが30位、フランスが40位、アメリカが43位、一番低いイタリアでも79位です。ジェンダーギャップ指数が低い国というのは、貧困が深刻だったり、内戦状態にあったり、あるいは宗教上の戒律が厳しく女性に権利が与えられていなかったり、という国々です。そういう国々の中に、一応G7の一員

順位	国名	値
1	アイスランド	0.912
2	ノルウェー	0.879
3	フィンランド	0.863
4	ニュージーランド	0.856
5	スウェーデン	0.815
6	ドイツ	0.815
15	英国	0.792
30	カナダ	0.770
40	フランス	0.756
43	アメリカ	0.748
79	イタリア	0.705
102	マレーシア	0.682
105	韓国	0.680
107	中国	0.678
124	モルディブ	0.649
125	日本	0.647
126	ヨルダン	0.646
127	インド	0.643

資料6　2023年の日本のジェンダーギャップ指数（GGI）

・スイスの非営利財団「世界経済フォーラム」が公表。男性に対する女性の割合（女性の数値/男性の数値）を示しており、0が完全不平等、1が完全平等。
・日本は146か国中125位。「教育」と「健康」の値は世界トップクラスだが、「政治」と「経済」の値が低い。

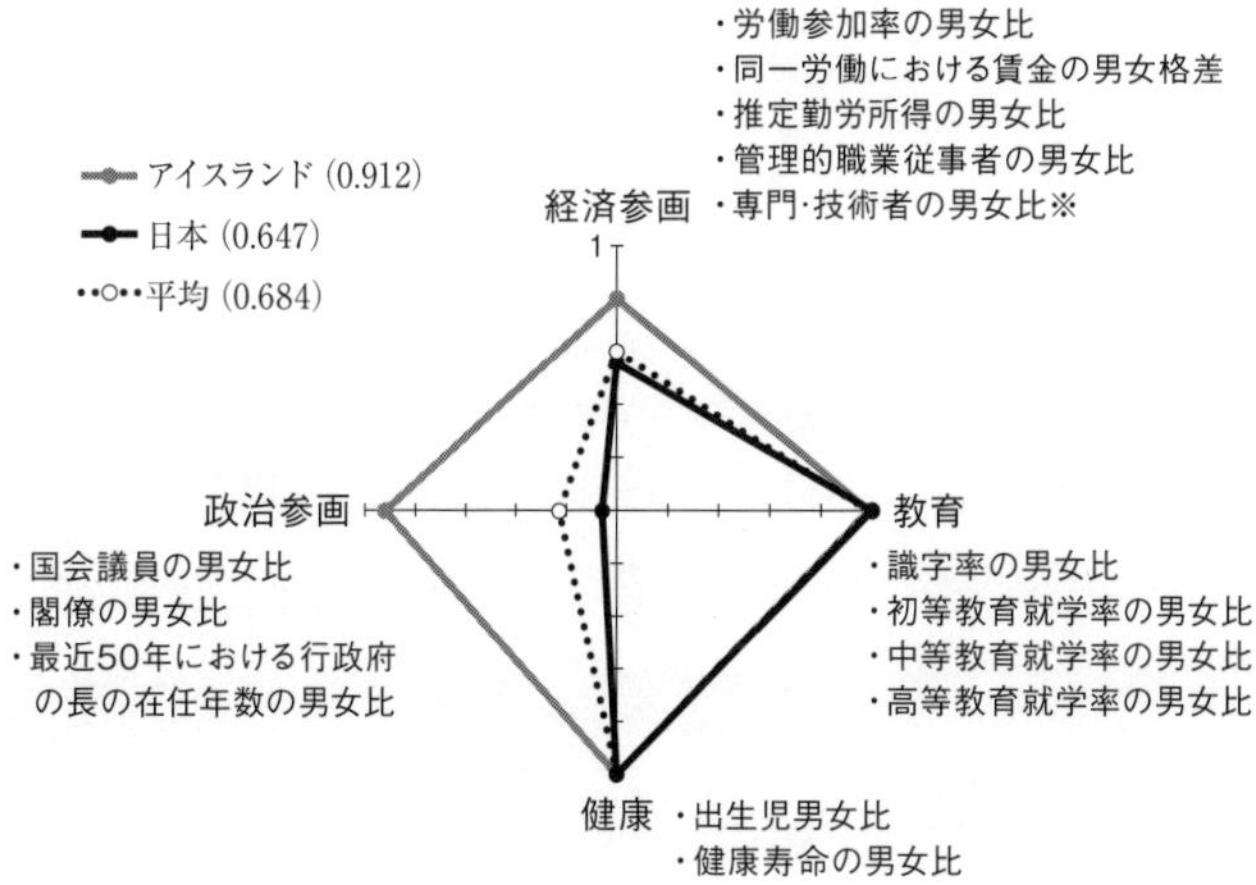

注1：世界経済フォーラム「グローバル・ジェンダー・ギャップ報告書(2023)」より作成
注2：※は日本の数値がカウントされていない項目
注3：日本の分野別順位は、経済が123位、教育が47位、健康が59位、政治が138位
出所：「男女共同参画に関する国際的な指数」、内閣府男女共同参画局(gender.go.jp)

で、まがりなりにも経済的に豊かであり、議会制民主主義がとられている日本が位置しているのは、一体なぜなのか。歴史を振り返ってみると、その原因が見えてきます。

明治期にジェンダー差別の構造が強化された

ひとつは、明治期にジェンダー差別の構造が強化されたことです。1890（明治23）年、教育勅語がつくられました（資料7）。「父母に孝に」から始まる徳目を列挙し、国民を精神的に侵略戦争に駆り立てていく役割を果たしました。

この徳目の3つ目（資料6行目）に「夫婦相和《あいわ》シ」とあります。これは単純に「夫婦仲良く」という意味ではありません。明治政府公式の解説書、教育勅語衍義《えんぎ》には次のようにあります。

> 夫タルモノハ、妻ヲ愛撫《あいぶ》シテ、以《もっ》テ其《その》歓心ヲ得ベク、又妻タルモノハ、夫ニ柔順ニシテ、妄《みだり》ニ其意志ニ戻《もと》ラザランコトヲ務ムベシ、蓋《けだ》シ妻ハ元ト体質孱弱《せんじゃく》ニシテ（中略）

資料7　教育勅語の謄本

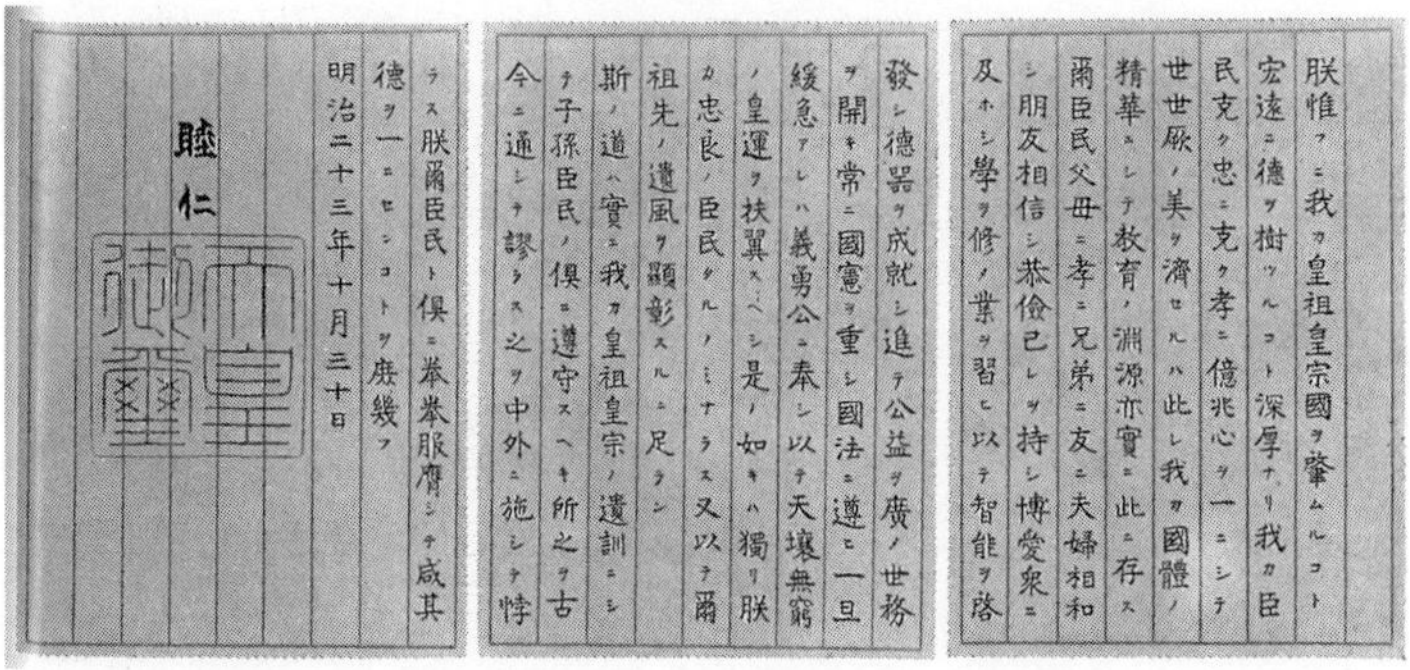
朕惟フニ我カ皇祖皇宗國ヲ肇ムルコト宏遠ニ徳ヲ樹ツルコト深厚ナリ我カ臣民克ク忠ニ克ク孝ニ億兆心ヲ一ニシテ世世厥ノ美ヲ濟セルハ此レ我カ國體ノ精華ニシテ教育ノ淵源亦實ニ此ニ存ス爾臣民父母ニ孝ニ兄弟ニ友ニ夫婦相和シ朋友相信シ恭儉己レヲ持シ博愛衆ニ及ホシ學ヲ修メ業ヲ習ヒ以テ智能ヲ啓發シ徳器ヲ成就シ進テ公益ヲ廣メ世務ヲ開キ常ニ國憲ヲ重シ國法ニ遵ヒ一旦緩急アレハ義勇公ニ奉シ以テ天壤無窮ノ皇運ヲ扶翼スヘシ是ノ如キハ獨リ朕カ忠良ノ臣民タルノミナラス又以テ爾祖先ノ遺風ヲ顯彰スルニ足ラン

斯ノ道ハ實ニ我カ皇祖皇宗ノ遺訓ニシテ子孫臣民ノ倶ニ遵守スヘキ所之ヲ古今ニ通シテ謬ラス之ヲ中外ニ施シテ悖ラス朕爾臣民ト倶ニ拳拳服膺シテ咸其徳ヲ一ニセンコトヲ庶幾フ

明治二十三年十月三十日

睦仁

天皇御璽

出所：佐藤秀夫編『続・現代史資料8　教育　御真影と教育勅語Ｉ』（みすず書房、1994年）から引用

又妻ハ元ト智識才量多クハ夫ニ及バザルモノナレバ、夫ガ無理非道ヲ言ハザル限リハ、成ルベク之《こ》レニ服従シテ能《よ》ク貞節ヲ守リ、妄ニ逆フ所ナク、始終苦楽ヲ共ニスルノ念慮ナカルベカラズ（井上哲次郎『勅語衍義　上』より一部抜粋。なお旧漢字は新字体に置き換えています）

妻は元々体が弱く、知識や才能も夫には及ばないのだから、妻は夫にみだりに逆らうな、なるべく服従して貞節を守れ――あからさまな男尊女卑の思想が国民に刷り込まれていきました。

続く1898年、旧民法で「家制度」がつくられ、国民に押しつけられました。「家制度」は、日本社会全体を天皇を頂点としたピラミッド型の社会にしていくために、個々の「家」も、戸主・家長を頂点としたピラミッド構造にするというものでした。父親や夫がすべての権限を持っており、家族の構成員は、結婚も、どこに住むかも、家長の許可が必要とされました。妻は民法上の無能力者で、夫の許可なしに経済活動、労働契約、相続など一切できませんでした。夫婦同姓を強制する仕組みも、「妻ハ婚姻ニ因リテ夫ノ家ニ入ル」（旧民法第788条）と、「戸主及ヒ家族ハ其家ノ氏ヲ称ス」（同法第764条）がもとになっています。こうして徹底的な家父長制が押しつけられました。

続く1907年、刑法にも家父長制が深く刻まれました。当時、女性は家のものという扱いでしたから、強姦罪によって権利を侵害されるのは女性ではなく、家長でした。妻は家の跡継ぎを産むことが一番の務めで、強姦は家制度の秩序が棄損されるという意味の犯罪でしかなかったのです。女性は貞操を守るため必死に抵抗するのが当然だとされ、それを上回る暴行や脅迫があった場合にのみ犯罪とされました。

また、現在も刑法第212条には自己堕胎罪の定めがあり、女性が一人で中絶した場合には罪になる、合法的に中絶するには母体保護法に基づき本人だけでなく配偶者（胎児の父親）の同意が必要だ、という法律になっています。この配偶者同意要件があるために、未婚であったり夫からDV被害を受けていたりして中絶の同意が取れず、中絶の時期を逃して産むしかなくなるといった事例も起こっています。女性の心身に大きな影響を及ぼし、人生設計も左右する妊娠・出産について、女性ではなく男性に決定権があるのです。これは戦前、胎児は家（家長）のものだったときの名残です。

第177条　十三歳以上の者に対し、暴行又は脅迫を用いて性交、肛門性交又は口腔《こうくう》性交（以下「性交等」という。）をした者は、強制性交等の罪とし、五年以上の有期懲役に処する。十三歳未満の者に対し、性交等をした者も、同様とする。

第212条　妊娠中の女子が薬物を用い、又はその他の方法により、堕胎したときは、一年以下の懲役に処する。

（現行刑法、強制性交等罪と自己堕胎罪。第177条は2023年改正前の条文）

こうした男尊女卑の構造は、日本国憲法成立時に一掃されるべきでしたが、今も民法では夫婦同姓が強制され、刑法にはつい最近まで暴行・脅迫要件が残り、堕胎罪は今もまだ残っています。明治時代に強化された差別の根っこは、断たれていないのです。

財界主導でつくられた新たな差別の構造

2つ目の根っこは、戦後、高度経済成長の時期以降に財界主導でつくられた新たなジェンダー差別の構造です。この時期に財界・大企業が押しつけた価値観は、「男は24時間、企業戦士として働くのが当たり前」、そういう男を支えるために「女は結婚したら退職し、一切の家事をやるのが当たり前」という性別役割分担でした。こうした価値観の押しつけにより、男性も女性も、ひどい搾取のもとに置かれたのです。

今は専業主婦世帯は少なくなり、共働き世帯が多数派です。しかし、まだまだ政治のリーダーたちの中にも、国民の中にも、「一家の中心的な働き手は男性で、女性が家事・育児を中心的に担う」という価値観は、かなり根を張っていると思います。2020年2月末、新型コロナウイルス感染拡大を防ぐためとして、当時の安倍晋三政権が突然、全国すべての小中学校・高等学校・特別支援学校に一斉休校を要請しました（休校は3月2日から）。これも、学校が休みの間、家庭で子どもをみる人がいることを前提にしているとしか思えない発令でした。実態はかけ離れており、共働き家庭やひとり親家庭など多くの家庭が「誰が子どもたちをみるのか」と困惑し、怒りが噴出しました。

日本を「もとから変える」党だからこそ

日本のジェンダー不平等は、このように、歴史的にも非常に根深いものがあります。だから、世界の先進国の中でも異常な遅れがあるのです。そういう背景があるからこそ、日本の政治を「もとから変える」立場を持つ日本共産党が、綱領にジェンダー平等を掲げることが必要だったと言えます。

「ジェンダー平等」を実現していくためには、過去に侵略戦争に突き進んだ明治の時代を「美しい国だった」と美化し、アメリカと一緒に戦争できる国づくりに邁進《まいしん》している自民党政治を変えなければなりません。財界のもうけが最優先で、男女賃金格差の是正や人間らしく働ける雇用ルールの確立などに踏み込まない自民党政治を変えなければなりません。アメリカ言いなり、財界のもうけ最優先という、2つの異常にどっぷりつかった自民党政治を変えることと、ジェンダー平等の実現とは、一体不可分だし、同じ方向を向いている課題なのです。

（参考文献）

＊志位和夫『改定綱領が開いた「新たな視野」』（新日本出版社、2020年）

第3章
ジェンダー平等後進国から抜け出すために
——政策・実践編

次に、日本共産党のジェンダー政策と、党がどうジェンダー平等を実践していくのかについて、お話をします。

1　働く場でのジェンダー平等を実現する

男女賃金格差をただす

まず、何としてもただしたいのが男女賃金格差です。

男女の賃金の平等は、ジェンダー平等の土台中の土台です。女性が経済的に自立しているかどうかが、家族の中でも、社会的にも、女性の地位を規定するからです。

共働き夫婦に子どもが生まれたら、「給料が低い妻の方が育児休業をとった方が合理的」となり、家事・育児・介護の負担が女性に偏ってしまう（一方で男性も、育休をとって子育てに積極的にかかわりたくても、「奥さんが家にいるでしょう」と言われて会社からいい顔をされないなど、壁にぶつかっています）。「妻は夫に養ってもらえる」と見なされ、パート女性の給料は低く、雇い止めの対象にもされやすい。夫からＤＶを受けていても、経済的にやっていけないため別れられない。シングルマザー家庭の母親は２つも３つも仕事を掛け持ちし、それでも明日の食べ物にも事欠くような貧困にあえぐ。経済的な男女の不平等は、日本社会のこうしたさまざまな問題につながっています。

日本のジェンダーギャップ指数の中でも、「政治」と並んで「経済」の項目での格差がとくにひどいことをお話ししました（第２章）。管理職の男女比の数値が０・１４８、収入格差が０・５７７、同一職での賃金格差が０・６２１などとなっており、経済分野の総合点は世界１２３位です。男女賃金格差を是正することは、ジェンダー平等を推し進めることに直結するのです。

日本の男女賃金格差の実態をデータで確認してみましょう。資料8は、フルタイム正社員で働く男女を比べたときの賃金格差です。欧米諸国は、男性１００に対して女性は80～90パーセント台ですが、日本は70パーセント台です。非正規で働く女性であ

資料８　主要７か国のフルタイム正社員の賃金格差（2022年）

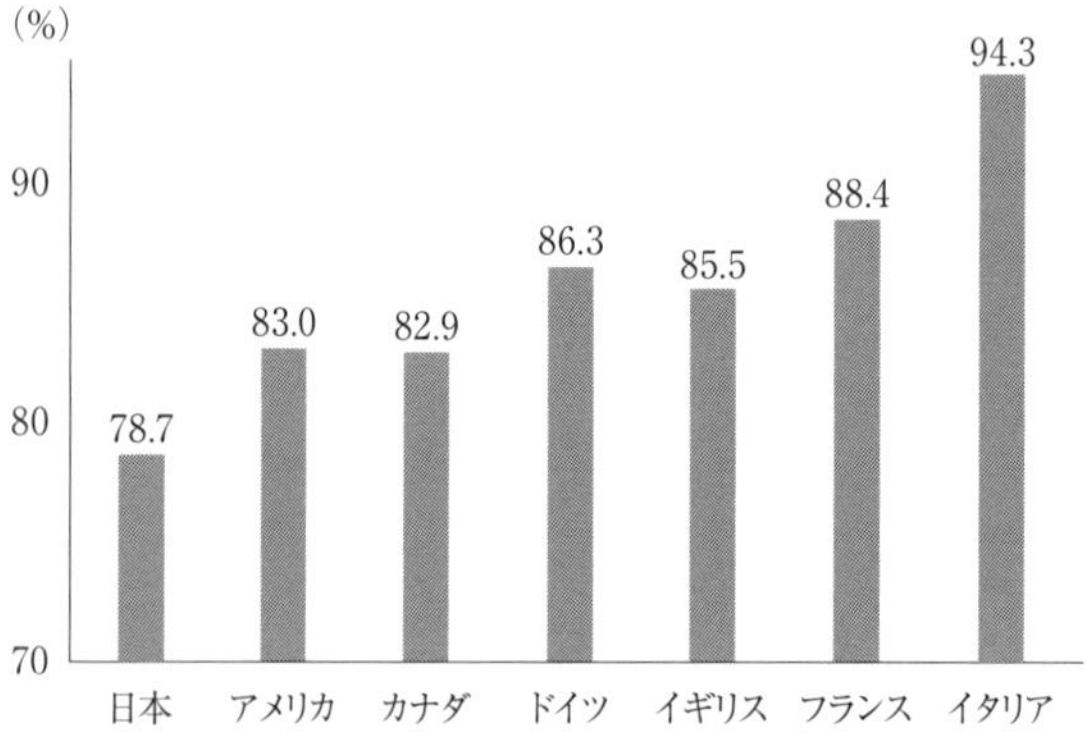

注１：男性を100としたときの女性の賃金の割合
注２：ドイツ・フランス・イタリアは2021年の数値
出所：OECD DATA Gender wage gap (median) より作成

資料９　男女別の平均賃金

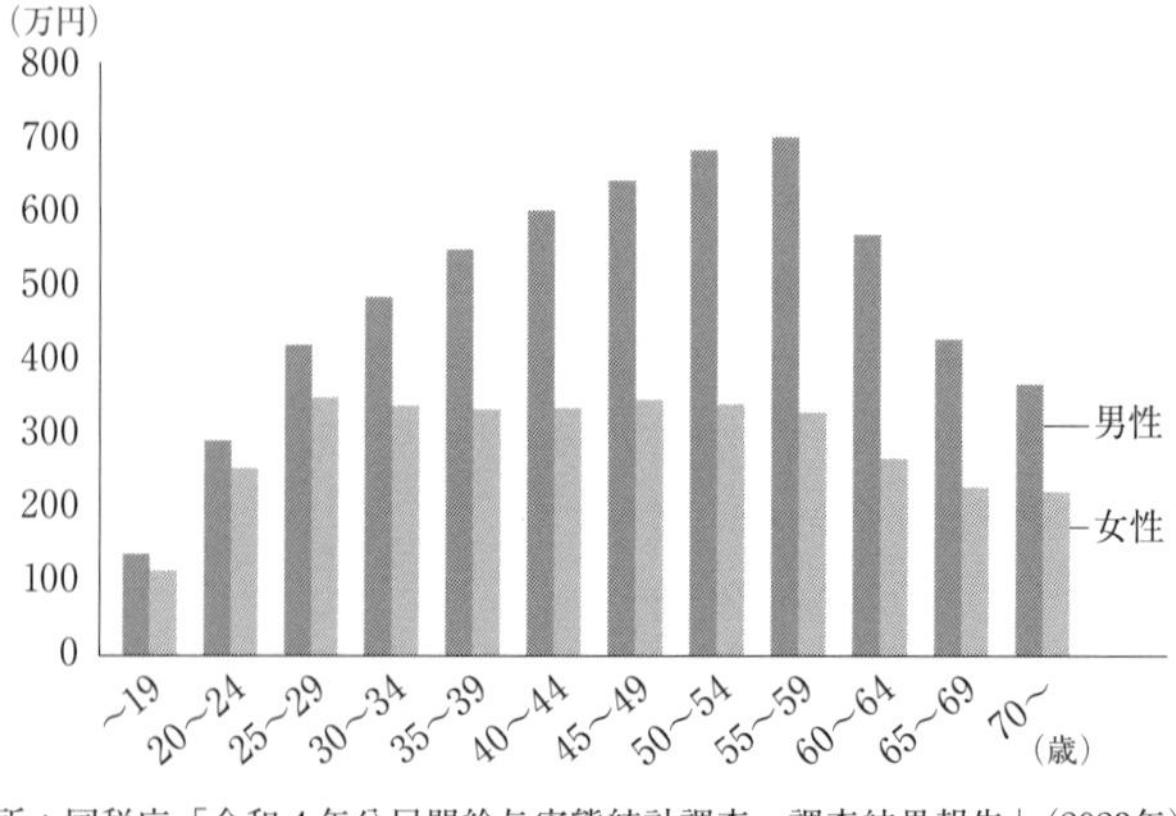

出所：国税庁「令和４年分民間給与実態統計調査　調査結果報告」(2023年)
より作成

れば、当然さらに差は開きます。

資料9は年齢階層別に男女の平均賃金を見たものです。男性は年齢が上がるごとに給与も上がっていますが、女性は30代以降は全然上がっていきません。これは、長時間労働が前提の日本の男性正社員の働き方では、子育てと仕事との両立が困難なために、女性がパートなど非正規を選ばざるを得ないからです。

非正規を含む労働者の平均給与（年間）で比べると、男性が563万円、女性が314万円で、女性は男性の55・8パーセントです（国税庁「令和4年分民間給与実態統計調査」）。40年働くとして単純計算すると、生涯賃金で1億円近い差となります。賃金格差は年金にも連動し、生涯所得ではさらに差が広がります。

日本はなぜこんなにも賃金格差がひどいのか。それは、女性を安上がりな労働力として利用したいという財界の意向のままに、自民党政治が女性差別の構造を積み重ねてきたからです。

1960年代の高度経済成長期以来、財界は若い女性会社員を「職場の花」「結婚までの腰掛け」扱いし、女性には結婚退職制や若年定年制があって男性よりも賃金が低いのが当然とされました。

日本の女性と労働者は、裁判も含めたたたかいで、これらの差別を一つ一つ打ち破ってきました。1985年には、世論と運動に押されて日本も女性差別撤廃条約を批准し、男女雇用機会均等法が制定され、いよいよ企業もあからさまな男女賃金差別を続けるわけにいかなくなりました。

そこで企業が新たに編み出したのが、第2章でもお話しした「コース別雇用管理制度」、男性は幹部・管理職候補である「総合職」として、女性は「一般職」として雇う手法です。これにより、建前は男女平等でも実際には男女の昇進・昇格差別、賃金差別が温存されました。

政治も財界を後押しし、女性の休日・夜間労働を禁止していた女子保護規定の撤廃、派遣労働の全面解禁、労働時間規制の緩和などの雇用破壊を進め、子どもなどケアすべき家族がいる女性は非正規を選ばざるを得ない状況に追い込まれていきました。

そして、1999年3月までは男女別の平均賃金を記載する欄が有価証券報告書にあったのですが、これも「企業の負担」を理由になくなりました。実態を隠すことで労働組合や行政の監視が届かないようにされ、深刻な格差がただされずにきたのです。

この一連の経過を見れば、男女の賃金格差において、政治の責任がいかに重いかがわかります。

日本共産党の2021年総選挙政策では、賃金格差の是正のカギとして、企業に賃金格差の実態把握と公表、是正計画の策定と公表を義務づけることを、第一にあげました。

EU（欧州連合）では2023年5月、同一労働同一賃金の原則の実施強化に向けて、賃金透明性を向上させるための法整備を加盟国に求める指令が成立しました。ドイツでは2017年に「男女間の賃金透明化促進のための法律」が制定され、カナダ・オンタリオ州では2018年に「雇用における賃金の透明性に関する法律」が成立しています。日本より男女賃金格差が少ない国々でも、是正にここまで真剣に取り組んでいるのです。

女性たちの運動をもとに、日本共産党は、この問題を国会で繰り返し質問してきました。2020年1月23日の衆院本会議代表質問で、志位和夫委員長は、男女賃金格差是正のために、格差の開示を企業に義務づけるべきだと求めました。同年3月には小池晃書記局長が参院予算委員会で、日本もEUのように企業に情報開示を求めるべきだと述べ、「有価証券報告書に1999年3月までは男女別平均給与の記載欄があった。復活させるべきではないか」と質問しました。この時は麻生太郎財務相（当時）が「投資家にとって、投資の判断に有用かどうか」、「企業の負担も考えて慎重に検討する必要がある」と、後ろ向きな答弁しかしませんでした。実際にはこの時点でも、世界の投資家は、それぞれの企業がジェンダー平等にどこまで熱心かを投資の判断基準として重視していました。「世界経済フォーラム」がジェンダーギャップ指数を重視しているのも、ジェンダー平等であればあるほど経済は発展・成長するという認識があるためです。

政府の認識の低さは驚くべきものでしたが、その後も繰り返し質問する中で、2022年1月の通常国会で志位委員長が本会議代表質問で取り上げた際、岸田文雄首相から「是正に向けて、有価証券報告書の開示項目にするなど、企業の開示ルールのあり方を具体的に検討する」との前向きな答弁をついに引き出したのです。

そして2022年7月から、301人以上の企業に男女賃金格差の公表が義務づけられました。「しんぶん赤旗」では、日本経団連の役員企業がどうなっているかを調べ、2023年8月2日付の一面トップで報道しました（資料10）。正規雇用・非正規雇用をあわせた全労働者でも、また、正規雇用同士で比べても、女性は男性の賃金

資料10　男女賃金格差についての報道

男女の賃金格差　本紙集計

経団連役員企業で深刻

女性は男性の4～8割

昨年7月から始まった男女賃金格差の公表（301人以上規模の企業に義務付け）で、経団連の会長・副会長企業、名誉会長や会長を輩出した企業のデータを本紙が集計しました（表）。正規雇用・非正規雇用をあわせた全労働者でも、正規雇用でも、男性を100とした場合、女性の賃金が約4～8割と、深刻な格差があることが明らかになりました。各企業の賃金格差は、厚生労働省のホームページ「女性の活躍推進企業データベース」で企業名、業種、企業規模、都道府県などから検索できます。全データもダウンロードできます。

男女賃金格差の情報開示は、小池晃書記局長はじめ日本共産党国会議員団が長年にわたり繰り返し要求。2022年1月の衆院本会議で志位和夫委員長が企業に対する実態公表の義務付けを迫ったのに対し、岸田文雄首相が初めて検討すると答弁し、その後の連続した党国会議員団の追及で実現したものです。

男女賃金格差は、全労働者の比較とあわせて、正規雇用労働者（直接雇用し、期間の定めがないフルタイム労働者。短時間正社員を含む）、非正規雇用労働者（パート・有期雇用労働者の短時間労働者と有期雇用労働者。派遣労働者は除く）とそれぞれの間の格差が公表されています。

会長企業の住友化学では、全労働者の賃金格差は74・9％で、正規雇用でも75・9％ありました。会長を輩出したトヨタ自動車は、同じく66・7％、66・5％でした。

深刻な格差となっているのが金融・保険業です。日本生命は、全労働者の格差が38・8％、正規雇用40・1％で、非正規雇用ではさらに33・3％と低く抑えられている実態が明らかになりました。三井住友銀行は、非正規雇用が女性だけで、男女の賃金格差を算出していませんでした。

明らかになった賃金格差の原因究明と、格差を是正するための方策が求められています。

男性を100とした場合の女性の賃金割合

	全労働者	うち正規雇用	うち非正規雇用
経団連会長・副会長企業			
住友化学	74.9%	75.9%	66.9%
みずほＦＧ	41.8%	43.1%	45.0%
三井不動産	48.6%	60.1%	49.9%
三井住友ＦＧ	45.4%	52.0%	ー
三井物産	56.9%	56.9%	54.9%
日立製作所	66.4%	66.7%	55.3%
日本製鉄	64.7%	64.3%	77.8%
パナソニックＨＤ	70.3%	68.9%	69.6%
ディー・エヌ・エー	67.7%	75.2%	91.6%
アサヒグループＨＤ	70.1%	79.9%	70.1%
東京海上ＨＤ	51.2%	48.9%	61.5%
日本電気（ＮＥＣ）	73.7%	73.0%	87.2%
旭化成	74.3%	82.6%	69.8%
野村ＨＤ	59.9%	57.3%	87.7%
日本生命保険	38.8%	40.1%	33.3%
日本電信電話（ＮＴＴ）	77.6%	78.8%	73.6%
三菱商事	64.4%	66.2%	64.9%
三菱重工業	73.3%	80.0%	52.7%
ヴェオリア・ジャパン	67.5%	71.3%	38.9%
三菱ＵＦＪＦＧ	49.6%	52.7%	58.7%
名誉会長・歴代会長企業			
トヨタ自動車	66.7%	66.5%	57.8%
キヤノン	75.0%	74.5%	75.0%
東レ	71.2%	83.1%	56.7%

※持ち株会社（フィナンシャルグループ＝ＦＧ、ホールディングス＝ＨＤ）は、各社の中核企業を掲載しました。みずほＦＧはみずほ銀行、三井住友ＦＧは三井住友銀行、パナソニックＨＤはパナソニック、アサヒグループＨＤはアサヒビール、東京海上ＨＤは東京海上日動火災、野村ＨＤは野村証券、日本電信電話はＮＴＴ東日本、三菱ＵＦＪＦＧは三菱ＵＦＪ銀行

※三井住友ＦＧの「パート・有期労働者」は、対象者が女性のみのため、男女の賃金の差異を算出していません

※三菱重工は、「全労働者」「パート・有期労働者」の人員数について、労働時間を基に換算して算出

政府も原因究明し是正を

田村智子政策委員長・参院議員

男女賃金格差の公表義務づけによって、日本を代表する大企業の深刻な男女賃金格差が明らかとなりました。「女性活躍推進法」では、企業に行動計画の策定を義務づけています。企業は、格差の実態と理由を明らかにし、格差是正の目標と具体の方針を持つべきです。政府も企業任せにせず、格差の原因究明、是正のための方策を持つことが求められます。

同じ仕事でも総合職と一般職で初任給から格差を当然とする「コース別」人事、圧倒的に非正規雇用に女性が多いなど、問題を容認してきた政治の責任も問われます。同一労働同一賃金、均等待遇など、労働法制の抜本的な改革へ、労働組合や女性のみなさんとも力をあわせて取り組む決意です。

出所：「しんぶん赤旗」2023年８月２日付

の4〜8割と、深刻な格差があることが明らかになりました。

とくに格差が大きかったのが金融・保険業でした。日本生命は全労働者の格差が38・8パーセント、正規雇用同士では40・1パーセント、非正規雇用同士では33・3パーセントでした。三井住友銀行は全労働者の格差は45・4パーセント、正規雇用同士では52・0パーセント、非正規雇用は全員女性で、賃金格差の算定は不能となっていました。

日本生命は、男女の賃金の差異は、「主に職種別の男女構成比や、勤続年数等の差によって生じています」と説明しています。三井住友銀行は、「総合職に比べて賃金水準が低い旧ビジネスキャリア職として、女性を数多く採用していたこと」と「2006年以前、総合職として採用する女性の人数が少なかったため、賃金水準が相対的に高い管理職への女性登用が、男性に比べて進んでいないこと」を格差の理由に挙げています。まさに「間接差別」が横行していたことが、明らかになりました。

異常な差別の実態が「見える化」されたことは、改善への大事な足がかりです。実際に賃金格差を是正に向かわせる政策として、以下のことを求めていきます。

第一に、非正規雇用から正規雇用への流れをつくることです。新自由主義の政策のもと、労働分野の規制緩和が進み、かつては正規雇用だった銀行や役所の窓口業務などが非正規に置き換えられました。現在、働く女性の54パーセントが非正規です（総務省「労働力調査」、2020年）。非正規雇用を一時的・臨時的業務に限定し、正規雇用との均等待遇を実現することは、女性の賃金を底上げし、格差是正につながります。

第二に、最低賃金を全国どこでも時給1500円に引き上げることです。現在、働く女性の4人に1人、パート女性の4割が、最低賃金水準で働いています。そもそも日本の最低賃金が諸外国に比べて極めて低く、一人の収入では自立できない水準にとどまっている根底には、「パートやアルバイトは家計の補助だから低賃金で良い」という根深いジェンダー差別があるのです。男性も女性も、結婚していても独身でも、最低賃金を自立して人間らしく暮らしていける水準にすることが必要です。

第三に、女性が多く働いている介護・福祉・保育などケア労働者の賃金を大幅に引き上げることです。ケア労働者の賃金が一般労働者の平均より月5万円以上低いことは、男女賃金格差の大きな要因の一つです。ケア労働者の賃金は国が基準を決めていますので、国の責任でただちに賃金を引き上げ、待遇の改善を行うべきです。

第四に、「間接差別」の禁止を徹底することです。男女雇用機会均等法は間接差別を禁止していますが、「雇用管理区分の違いによる格差」は「間接差別ではない」とされ、抜け穴となっています。これを是正する法改正を求めます。

第五に、「正社員なら残業が当たり前」という長時間労働野放しの働かせ方をやめさせ、男性も女性も、仕事と家族のケアを両立できる社会にしていくことです。毎日9時間10時間と働くことが常態化すれば、保育園のお迎えに間に合わないし、子どもと一緒に夕食を食べ、宿題を見てあげることもできません。だから現状では子育て中の多くの女性が正規で働くことをあきらめ、家事・育児の大半を担っています。男性が育児休業をとりやすくすることも本当に大事です。実は法制度上は、日本の男性の育休制度内容は先進国でもトップレベルです。しかし、制度はあってもとっている人は非常に少なく、2022年度ではおよそ17パーセントで、これでも過去最高だったのです。政府目標は2025年に育休取得率を50パーセントにすることです。アイスランドでは、男女が共有できる育休制度の導入が、ジェンダー平等の起爆剤となったといいます（「しんぶん赤旗」2023年5月29日付）。出産・育児などを「経済活動のマイナス」と見なすのではなく、日本の経済、社会の発展の力になるという位置づけに変えていくことが必要です。長時間労働の是正は、ジェンダー平等の達成に不可欠であることを強調したいと思います。

男女賃金格差の是正の機運が高まるもとで、日本の財界が最近、〝男性の勤続年数が長く、女性と格差が生まれるのは、雇用の流動性が低い日本型雇用が原因だ〟などと言いだし、解雇や細切れ雇用をしやすくするような、さらなる労働の規制緩和を狙っていることに、注意が必要です。誰もが人間らしく生き、働くことのできる社会を目指して、みんなで声をあげ、それを妨げる動きとたたかうことが、ジェンダー平等社会への道です。

家族的責任と働くことを両立できる労働のルールをつくる

女性は、男性の長時間労働を支えるために、家族的責任をより重く担うことが当然とされてきました。男性も、子育てに参加したくてもできない実態が広く存在しています。長時間労働をなくすことは、ジェンダー平等社会の実現に不可欠です。

過労死をうむ異常な長時間労働をなくし、「8時間働けばふつうに暮らせる社会」にします。残業時間の上限を「週15時間、月45時間、年360時間」に法定化し、最低11時間の連続休息時間の確保、残業代の割増率の見直しなどで、長時間労働を是正します。家族的責任を持つ労働者は、男女を問わず、単身赴任や長時間通勤を伴う転勤を原則禁止します。残業は本人同意を原則とします。これらの措置が、昇給昇格において不利益な評価とされることを禁止します。

子育て期の労働者の時間外労働を免除します。短時間勤務制度はただちに小学校入学前まで延長し、さらに拡充します。深夜労働の免除も中学校入学前まで請求できるようにします。「子ども看護休暇」は、学校行事への参加などにも使える「家族休暇」制度とし、両親が各年10日以上取れるように拡充し、所得保障を導入します。

誰でも安心して利用できる育児・介護休業制度へ改善を進めます。有期雇用労働者が取得しにくい条件を改善します。改正育児・介護休業法により、２０２２年4月から取得のために必要だった1年以上の勤続要件が廃止されたのは前進です。さらに休業後の雇用継続が必要とされている要件を見直し、すべての労働者に対象を拡大します。休業中の所得保障は、現在約6か月（１８０日）までが67パーセント、それ以降は50パーセントですが、収入減少への不安が育休を取得できない大きな理由です。所得保障の充実を図ります。制度利用による不利益扱いを許さず、原職復帰原則の確立、苦情処理・救済制度の拡充、指導・監督の徹底、違反企業への罰則強化などを図ります。

介護休業制度を拡充し、3か月が限度となっている休業期間の延長、介護休業中の社会保険料免除制度の創設などを進めます。

非正規ワーカー待遇改善法をつくる

パート、派遣、契約社員、非正規公務員、ギグワーカー（個人が単発で仕事を請け負う）、フリーランスなど、非正規で働く人たちが増えています。日本共産党は「非正規ワーカー待遇改善法」を提案し、この方々が明日に希望が持てる、人間らしい労働条件とジェンダー平等の働き方を実現しようと呼びかけています。

非正規雇用の7割は女性です。性別役割分業を前提とした雇用慣行のもとで、パート労働やケア労働は「家計補助」の働き方と見なされ、賃金や待遇が正規雇用より低くても当然だとされてきました。コロナ禍で打撃を受けた宿泊・観光業は、その働き手の6割が非正規の女性であり、雇い止めや解雇の対象とされました。また、学校の一斉休校で多くの非正規の女性が休職・離職を余儀なくされました。これらは、非正規という雇用形態を通じた女性差別に他なりません。非正規雇用の待遇改善は、性別役割分業による女性差別をなくし、ジェンダー平等を実現するうえでも重要な課題です。

有期雇用や派遣労働を臨時的・一時的業務に限定し、不安定な短期反復雇用をなくします。フリーランスやギグワーカーなどの保護法制を確立し、労災補償の実現などの待遇改善を図ります。

「家族的責任」「母性保護」などジェンダー平等を実現するための国際基準を法律に明記し、非正規ワーカーも育児・介護休暇を取得できるようにします。

国や自治体が率先して非正規雇用の待遇改善を進めます。

ハラスメント禁止法をつくる

ハラスメントは、女性が働き続けることを阻害する大きな要因の一つです。現行法は、予防措置などを事業主に義務づけているだけで、ハラスメント禁止が明文化されておらず、セクハラ、マタハラ、パワハラ、ＳＯＧＩ（ソジ）ハラなどが人権侵害であり犯罪であるということが徹底されていません。

セクシュアル・ハラスメントに対する刑事罰、民事救済の規定を持つ法律がない国は、ＯＥＣＤ（経済協力開発機構）加盟国の中で日本とチリの2か国だけです（世界銀行、2022年調査）。ＩＬＯ（国際労働機関）は2019年、「労働の世界における暴力とハラスメント禁止条約」（190号条約）を採択し、ハラスメント禁止規定をふくむ職場でのハラスメント防止のための実効ある施策を含む法整備を求めています。

ハラスメント禁止規定をもつ実効ある法整備を進め、働く場での暴力とハラスメントを広く禁じたＩＬＯ190号条約を批准します。

ハラスメントの加害者の範囲を、使用者や上司、職場の労働者にとどめず、顧客、取引先、患者など第三者も含めるとともに、被害者の範囲も就活生やフリーランスを含め、国際水準並みに広く定義します。被害の認定と被害者救済のために、労働行政の体制を確立・強化するとともに、独立した救済機関を設置します。

お茶くみやメガネ禁止、パンプスやミニスカートの制服などが女性のみに課されている職場での慣行をなくす規定を盛り込んだ法律を制定します。

マタニティ・ハラスメント防止のために、妊娠中や出産前後の女性が安心して訴えることのできる相談窓口を増やします。当面ただちに雇用環境均等部（室）の体制を強化・拡充し、違反した企業名のすみやかな公表、罰則の強化などを図ります。

自営業・農林漁業で働く女性の労働を正当に評価する税制改正を行う

中小自営業や農業の多くは家族の労働で支えられていますが、家族への給与は経費として認められていません。明治時代に導入され、その後の改正でも維持されてきた所得税法第56条で、事業主の配偶者や親族への給与は必要経費としないと定められているからです。これは「家制度」の名残にほかなりません。所得税法56条を廃止して、妻などの家族従業者の働き分を正当に評価し、必要経費と認められるようにします。

国民健康保険に、病気や出産の時に安心して休める出産・傷病手当金制度をつくります。国民年金保険料に続いて、国民健康保険でも、出産前後の保険料免除制度を導入します。

2　選択的夫婦別姓制度の導入

次に、選択的夫婦別姓の導入をはじめ、性差別をなくし、多様性が尊重される社会をつくる課題です。

夫婦は同じ名字を名乗らなければならないということを法律で義務づけているのは、日本だけです。生まれてからずっと使ってきた名前を変えることは、仕事や生活の面で負担が大きいだけではなく、人によっては自分らしさの一部を奪われるような強い精神的苦痛を感じさせることでもあります。

日本では女性が名前を変えるケースが約95パーセントと圧倒的多数なので、この制度は女性差別に当たるとして国連から是正勧告も受けていますが、実はこれは女性だけの問題ではありません。結婚したらどちらか一方が名前を変えることを、結婚するカップルすべてに強制するという制度ですから、家族のあり方を国が法律で決めて上から押しつけるという、多様性の尊重からかけ離れた制度です。

すでに今から四半世紀前の1996年に、法制審議会（法相の諮問機関）が選択的夫婦別姓の導入を答申しています。しかし、なかなか実現しません。野党は何度も法案を国会に提出しているのですが、自民党がかたくなに抵抗して、一度も審議すらされたことがありません。夫婦同じ名字の強制は憲法違反だとする裁判もたたかわれてきましたが、最高裁はそれを認めず、国会にゆだねています。

ただ、これまでの最高裁決定では、全体としては合憲の判断をしながらも、何人かの裁判官が「違憲」だとする反対意見を出しています。2021年の宮崎裕子・宇賀克也裁判官の共同反対意見は次のように述べています。

「(別氏希望者に対して）単一の氏の記載（夫婦同氏）を婚姻成立の要件とするという制約を課すことは（中略）当事者双方にとっては、自身が氏を変更する側になるか変更しない側になるかにかかわらず、自分又は相手の人格の一部を否定し、かつ婚姻が維持される限り夫と妻とがかかる人格的利益を同等に享有することができないこととなることを前提とした上で婚姻の意思決定をせよというに等しい」

また、2022年の渡邉《わたなべ》惠理子裁判官の意見は次のとおりです。

「氏名は、個人がそれまで生きてきた歴史、人生の象徴ともいうべきもの」「個人の尊厳として尊重されるべきものである」

これらは、非常に説得力があると思うのです。選択的夫婦別姓は、まさに個人の尊厳の問題であり、男女平等の問題であり、婚姻という個人の幸福追求権に関わる問題であり、人権そのものです。国民世論も、とくにこれから婚姻する若い世代では、「同姓か、別姓か、選べるようにしてほしい」という声が多数です。自民党の中にも、「選択的夫婦別氏制度を早期に実現する議員連盟」が100人超の参加でつくられています。頭の中が「家制度」の考え方に縛られている人たちの抵抗を打ち破って、ぜひ導入への道を開きたいと思います。

「夫婦別姓になると、子どもの姓はどうなるのか」というご質問がよくあります。1996年の法制審議会の答申は、「子どもは結婚時に決めた筆頭者の名前で統一される」としていました。日本共産党など野党が提出している選択的夫婦別姓法案では、子どもが生まれるたびに、どちらの姓にするかを決めるように提案しています。

「子どもの姓が親と違ったり、きょうだい間で姓が違ったりするのは、かわいそうでは?」「家族のきずなが薄れるのでは?」という声もあります。しかし、選択的夫婦別姓が法制化されれば、子どもは生まれてからずっと別姓の両親とともに暮らし、異なる姓の家族がいることを当たり前と思って育ちますので、そのことで悩んだり、孤独感を感じたりすることはありません。日本以外の国では、選択的夫婦別姓が認められており、親と子で姓が違うのが当たり前ですが、問題は起きていません。また日本でも、国際結婚や事実婚で、両親の姓が違うもとで育っている子どもは多数います。家族が同じ名字であることと、家族のきずなの強さとは、まったく別の問題です。

（参考文献）
＊『選択的夫婦別姓は、なぜ実現しないのか？――日本のジェンダー平等と政治』（ジェンダー法政策研究所、辻村みよ子、糠塚康江、大山礼子編著、２０２２年、花伝社）
＊選択的夫婦別姓・全国陳情アクションのホームページ（https://chinjyo-action.com）

3　LGBT／SOGIにかかわる差別をなくす

　LGBTは、レズビアン（Lesbian 女性同性愛者）、ゲイ（Gay 男性同性愛者）、バイセクシャル（Bisexual 両性愛者）、トランスジェンダー（Transgender 性自認が出生時に割り当てられた性別とは異なる人）の英語の頭文字で、性的マイノリティの総称として広く使われています。出生時の性別が男性で性自認が女性の人をトランス女性、出生時の性別が女性で性自認が男性の人のことをトランス男性と呼びます。性的マイノリティはこの4種類だけではありませんので、クィア（Queer 規範とされている性のあり方以外を包括的に表す言葉）やクエスチョニング（Questioning 自分の性のあり方についてわからない人、決めていない等の人）の意味を加えたLGBTQとか、さらに多様な性をプラスするという意味でLGBTQ＋というような言い方も、最近はよくされるようになっています。

同性を好きになる人は、いつの時代も人口の3~5パーセント、30人学級に1人程度はいると言われています。また、トランスジェンダーはおおむね人口の0・3パーセント、300人に1人程度いると言われています。皆さんの中には「LGBTの知り合いはいない」、「テレビや新聞の中でしか見たことがない」という方もおられるかもしれませんが、恐らくそれは、当事者の方が皆さんに打ち明けなかっただけで、必ずこれまでの人生の中で周囲にいたし、今もいると考えた方が良いと思います。海外の調査で、日本人は「知り合いにはLGBTはいない」と答える人が非常に多いという結果が出ています（Ipsos／LGBT+ Pride 2021 Global Survey）。人口比ではどの国も同程度のはずなのに、アメリカでは「同性愛者が親戚、友人、同僚の中にいる」と答える人が57パーセントいるのに対し、日本は7パーセントです。それだけ、LGBTQについて日本人は学んできていないということだし、当事者は孤独や生きづらさを強く感じているということだと思います。

マイノリティ＝少数者というと、「かわいそうな人たちの問題」「自分たちには関係ない」と思ってしまいがちですが、そうではありません。私たちは誰もが、多様な性のグラデーションの中を生きており、その境目はハッキリ白黒と分けられるものではありません。そこで、党はＬＧＢＴと並んでＳＯＧＩ（ソジ）という言葉を使うようにしています。ＳＯＧＩとは、セクシャル・オリエンテーション（ＳＯ＝性的指向、どのような対象に性愛が向かうか、向かわないか）とジェンダー・アイデンティティ（ＧＩ＝性自認、自らをどのような性だと認識しているか）の頭文字からつくられた言葉です。同性愛者などの性的マイノリティも異性愛者も、生まれたときに割り当てられた性別に違和がある人もない人も、すべての人の多様な性的指向・性自認を認め合おうという意味で使われています。私も、皆さんお一人お一人も、全員が多様なＳＯＧＩを生きる一人なのです。

どういう立場や分野の問題であれ、マイノリティが肩身の狭い思いで生活せざるを得なかったり、あるいは差別や偏見のためにありのままの自分を肯定できなかったりする社会は、健全な社会とはいえません。逆に、マイノリティといわれる人たちが暮らしやすいほど、その社会のすべての構成員にとっても暮らしやすい社会となります。日本共産党はＬＧＢＴ／ＳＯＧＩにかかわる差別のない社会を目指し、性的マイノリティの人たちの人権と生活向上のために取り組みます。

同性婚を認める民法改正を行う

実現したい一つが、同性婚を認める民法改正です。

現在の民法や戸籍法は男女の結婚を前提にしており、同性婚を認めていません。そのため、同性カップルは相続権や税金の配偶者控除などの法的・経済的な権利が認められていません。病院で家族としての面会や付き添い、手術の際の同意判断が許されないことも問題になっています。異性カップルであれば抱えなくてもいい物理的・心理的な負担が、同性カップルには重くのしかかっています。

2019年に提訴された「結婚の自由をすべての人に」訴訟の地裁判決が、2023年までに出そろいました。札幌地裁（2021年3月）は「違憲」、大阪地裁（2022年6月）は「合憲」、東京地裁（2022年11月）は「違憲状態」、名古屋地裁（2023年5月）は「違憲」、福岡地裁（2023年6月）は「違憲状態」と、5地裁中4つで、同性婚を認めないのは、憲法の法の下の平等や個人の尊重の条項に反するとの判決を示しました。違憲判断が司法の流れとなっています。

九州訴訟の原告は、「テレビで同性愛者は『気持ち悪い』と描かれていた。学校でカミングアウトしたら絶対いじめられると思い、誰にも相談できなかった」「将来どのように生きていけばよいだろうと絶望的な気持ちになった」との陳述書を裁判所に提出しました。原告らが訴訟に立ち上がったのは、「同性婚が認められていないのは自分たちの存在を否定されているに等しい」「若い世代が将来に希望を持てない国であってはいけない」という思いからだと語っています。いつまでこの声を無視するのかとの問いが今、国に厳しく突きつけられています。

同性婚を認めることは、世界の潮流となっています。2001年にオランダで同性婚が実現し、この流れは、ヨーロッパ、南北アメリカ、オセアニア、そしてアジア（台湾）にも広がり、今日では37の国・地域で同性婚が可能になっています（一般社団法人「Marriage for All Japan－結婚の自由をすべての人に－」ホームページ参照）。

日本でも、世論調査では「同性婚を法律で認めるべきだ」と答える人が75・6パーセントにも上ります（厚生労働省の国立社会保障・人口問題研究所による全国家庭動向調査、2023年）。岸田文雄首相は国会答弁で「同性婚を認めると社会が変わってしまう」（2023年2月1日、衆院予算委員会）と述べましたが、世論も司法もすでに前向きに変化しています。変わることができていないのは、差別と偏見に満ちた一部の政治勢力におもねって、同性婚の法制化を決断できない政府です。

日本でも同性婚を認める法整備に踏み出すことを求めます。２０１６年６月、日本共産党を含む野党3党は、性的指向にかかわらず平等に婚姻が認められる「婚姻の平等」を実現する法案を国会に提出しました。この実現に力を尽くします。

パートナーシップ制度を推進

パートナーシップ制度とは、戸籍上同性のカップルに対し、婚姻と同等の関係であると自治体が認証するものです。婚姻制度とは異なり法律上の効果はありませんが、性的マイノリティの存在とパートナー関係を公証し、公営住宅への入居や民間の家族サービスを受けることが可能になるなど、生活の困りごとを軽減する役割をもっています。こうした制度を持つ自治体は３２８、人口カバー率70・９パーセントにまで広がっています（２０２３年６月28日時点、渋谷区・虹色ダイバーシティ全国パートナーシップ制度共同調査）。今年（２０２３年）の５月31日までに全国で５１７１組がパートナーシップを宣誓しています。この取り組みが、国としての同性婚の法制化を求める運動の追い風にもなっています。党としても引き続き、地域で運動している皆さんと力を合わせ、制度の導入を推進していきます。

LGBT平等法（差別禁止法）の制定を目指す

LGBT／SOGIについての施策が一定前進し、社会的な認知が広がってきたとはいえ、当事者がかかえる困難は依然として大きなものがあります。

日本は主要7か国（G7）で唯一、同性婚が認められておらず、性的少数者の差別禁止を明記した法律もありません。このため、2023年にG7サミットが日本で行われることをとらえて法律制定の機運が高まり、国会でLGBT理解増進法という法律が成立しました。

ただし、成立した法律は、もともと当事者の皆さんからの要望も受けて2021年に超党派で合意していた案からは大きく後退し、逆に「これでは差別増進法だ」という声すらあがるような、重大な問題を含んだ法律となってしまいました。それは、法律の制定過程で自民党内から、「差別禁止でなく、もう少しおおらかな形で」との声や、「この法律ができたら〝心は女性〟と言えば女性トイレに入れるようになる」などといった議論が持ち込まれたためです。2021年当時の超党派の案にあった「差別は許されない」という文言は、自民・公明党の案では「不当な差別はあってはならない」に後退させられました。また、国会での採択の直前に、自民・公明案をベースに日本維新の会と国民民主党が提出した修正案によって、「留意事項」という条文が追加され、「全ての国民が安心して生活することができることとなるよう留意」と明記されました。性的少数者の権利を守ることが、多数者の安心を脅かすかのような認識に立っての修正案でした。これが、国会の多数により可決されたのです。

法整備の原点は、性的少数者が抱える困難にいかにこたえるかということでした。当事者支援に取り組むNPO（非営利組織）法人ReBit（リビット）の2022年の調査「LGBTQ子ども・若者調査」によると、10代のLGBTQ当事者の48・1パーセントが過去1年の間に自殺を考え、14パーセントが自殺未遂、38・1パーセントが自傷行為を経験したと答えるなど、本当に深刻な実態があります。当事者は、学校教育の現場でも、就職、結婚、転居など人生の転機においても、医療にかかるときにも、さまざまな困難、壁にぶつかります。それを社会の側がきちんと踏まえて、苦難を軽減し、差別をなくす方向に進まなければなりません。しかし、今回できた法律は残念ながらそういうものになっていません。日本共産党は引き続き、当事者の方々や他の野党と力を合わせ、差別禁止を明確にした法整備を求めていきたいと思います。

その他ＬＧＢＴ／ＳＯＧＩにかかわる政策としては、▽公的書類における不必要な性別欄の撤廃▽学校や地域でのＬＧＢＴ／ＳＯＧＩの理解促進▽当事者の子ども・若者の「居場所づくり」を民間団体の実践に学んで行政も乗り出し全国的に普及することと▽企業に相談窓口の設置や福利厚生、「誰でもトイレ」の設置、社内研修など適切なＬＧＢＴ／ＳＯＧＩ対策を実施することを呼びかけること▽病院や自治体窓口などで個人を呼ぶ際、姓名ではなく番号で伝えるなどの配慮を行うこと▽性別適合手術に伴うホルモン治療にも保険適用を拡充すること――などを求めています。

トランスジェンダーへの差別言説

今、トランスジェンダーにかかわって、深刻な差別言説が広がっています。日本共産党に対しても、そうした言説を耳にした方から、「性自認などという曖昧なものを尊重するというのは非科学的ではないか、綱領から削除すべきではないか」といった意見が寄せられているなどしています。

そうした疑問をお持ちの方は、「体の性別＝生物学的性別は、男女でハッキリ分けられ科学的だ。一方、社会的・文化的につくられた性差であるジェンダーは曖昧でハッキリ分けられず、非科学的だ」と考えておられると思います。しかし、実際はそうではありません。医学や脳科学の進歩の中で、体の性差と、脳やホルモンの性差には、豊かなグラデーション、バリエーションがあることがわかってきました。脳やホルモンは外から見えないので、外から見える外性器の形を基準に、生まれたときに男・女と割り当てているのです。ですから、性自認と、出生時の身体的な性別が違うということは、起こり得ることなのです。性自認は決して非科学的なものではなく、生物学的、科学的な根拠があります。

逆に、ジェンダーは「男」か「女」かの白黒をハッキリさせようとする圧力として働きます。だから、多様な性を生きる人たちは、ジェンダーの押しつけが強い社会であればあるほど、息苦しさ、生きづらさを感じるのです。

昔は、体の性別に違和を感じる人がいても、それは病気や障害と見なされ、治療の対象にされてきました。しかし、医学的な知見と国際的な人権規範が発展する中で、性自認のありようを病気と見なす「病理モデル」から、本人の性自認のあり方を重視し尊重する「人権モデル」への移行が進んできました。

現在日本では、法的な性別変更の要件を定めているのは「性同一性障害特例法」という法律です。「性同一性障害」という言い方からもわかるように、「病理モデル」の考え方に立っています。性別変更するためにはいくつかの要件があり、生殖機能をなくし、変更後の性別の性器に近似する外観を備える手術が必須とされています（2つあわせて「手術要件」と呼ばれます）。しかし、治療や手術は体に大変な負担を強いるもので、場合によっては命にもかかわります。それを強要することは人権上大きな問題だという訴えが広く起こり、裁判も起こされました。そして2023年10月には最高裁で、この手術要件のうち、生殖不能要件については違憲であるという決定が示されました。

このことに関して、「性自認による性別変更を許したら、男性器のある人が女性を名乗って女性トイレに堂々と入ってこられるようになる」「通報したら差別になるので通報もできなくなる」という言説が流布されています。

「トランスジェンダーの権利を認めすぎると、女性の安全が脅かされるのでは？」と思っている皆さんにお伝えしたいのは、トランスジェンダーの当事者は、トイレや浴場、更衣室など、明確に男女に分かれた施設を使う際には、自分がそこにいて違和感がないかということに誰よりも気を遣っているということです。外出する日の朝は、その日のルート上で「誰でもトイレ」がどこにあるかをチェックしてから出かけるなど、トランスジェンダーでなければ考えずに済んでいることを考える苦労を負っています。そうした方々が、どうしたらより安心して、差別や偏見に遭うのではないかという不安を感じることなく、この社会で生きていけるか、そのためにふさわしいトイレなど公共スペースのあり方はどうあるべきかを考えていくことこそが、今必要なのではないでしょうか。それなのに、あの人には男性器があるとかないとか、手術済みかどうかだとか、トイレやお風呂が大変なことになるということばかりが騒がれることに、当事者は傷ついています。

「『トランス女性』のふりをして性犯罪目的で女性トイレに入る人が現にいる」ということを、性自認に基づく性別変更を認めるべきではない理由に挙げる人もいます。

しかし、それは性犯罪をおかすその人が悪いのであり、そういう人がいるからと、犯罪とは何の関係もないトランス女性全体を女性トイレの利用から排除することは、人権侵害であり、差別ではないでしょうか。

日本でも、地方自治体では「性の多様性尊重条例」などがつくられていますが、それができた自治体でトランスジェンダーを騙《かた》る女装者による犯罪が増えたという話はありません。自民党の一部の政治家などが声高にふりまく「トランス女性脅威論」に流されず、すべての人の性自認を尊重しながら誰もが安心して生きられる社会をどうつくっていくのか、冷静に、事実に基づいて対話をしていくことが大事だと考えます。

同時に、女性たちが、女性専用スペースが安全・安心な空間であってほしいと願うことは当然です。性暴力への不安や恐怖、過去の被害からくるトラウマなどを社会が深く理解し、女性が安心・安全にスペースを利用できるようにするために力を尽くすべきです。トイレや更衣室等のセキュリティの強化、個室化、誰でもトイレ、貸し切り・家族風呂等々、さまざまな工夫が社会的にも取り組まれていますが、これらを発展させていくべきです。

性暴力や性犯罪をなくし、女性や子どもたちが安心して生きられる社会を目指すこと、多様な性を生きるすべての人たちが差別や排除されることなく、安心して生きられる社会を目指すことは、決して対立するものではありません。私たち日本共産党は、この両方を目指していく立場です。

（参考文献）

＊諸橋憲一郎『オスとは何で、メスとは何か？――「性スペクトラム」という最前線』（ＮＨＫ出版、２０２２年）

＊遠藤まめた『ひとりひとりの「性」を大切にする社会へ』（新日本出版社、２０２０年）

４　性暴力をなくす

次に、あらゆる性暴力を根絶する課題についてです。

「女性に対する暴力撤廃宣言」（１９９３年、国連総会採択）は、女性に対する暴力は「男女間の力関係が歴史的に不均衡だったことを明らかにするものである」と述べるとともに、「女性を男性に比べて従属的な地位に追いやるための社会的な仕組みとして、最も決定的なものの一つ」だとしています。レイプやＤＶ、セクシュアル・ハラスメントなどの性暴力は、単なる個人間のトラブルという問題ではなく、ジェンダー不平等の社会の構造に、その根があるということです。だからこそ、政治が女性に対する暴力の根絶を国の政策目標として明確に掲げ、真剣に取り組む必要があります。

痴漢ゼロ

女性や子どもにとって最も身近な性暴力は痴漢です。日本共産党東京都委員会の痴漢被害アンケート調査（２０２１年、１４３５人が回答）では、ほとんどの女性が経験し、その後の人生に深刻な打撃をこうむりながら、被害を訴えることもできない実態が明らかになりました。政治がこれを正面から問うてこなかったことが、痴漢を〝軽い問題〟扱いし、女性の尊厳を軽んじる社会的風潮を広げてきました。

日本共産党は２０２１年の東京都議選と総選挙で「痴漢ゼロ」の政策を掲げ、国会や地方議会での論戦、行政機関や鉄道会社への対策申し入れなどに力を入れました。この取り組みは若い世代を中心にした運動や世論とも結び、政治を動かしてきました。

２０２２年、政府は初めて痴漢を含む若年層の性暴力被害の実態調査を行い、その結果も踏まえて「痴漢撲滅パッケージ」を年度末に公表しました。そこで言われている「基本認識」では、①痴漢は重大な犯罪②痴漢の被害は軽くない③被害者は一切悪くない④被害者を一人にしてはいけない⑤痴漢は他人事ではない――というものが示されています。党都委員会のアンケートでも浮き彫りになった痴漢被害の実態が踏まえられており、非常に重要な内容です。「痴漢ゼロ」を国が政策課題に掲げたことは重要な前進です。

東京都も同年、痴漢撲滅キャンペーンの実施を発表しました。初めて都として被害調査を行い、都庁に対策チームを作り、鉄道会社など民間と連携するというものです。

２０２１年２月に日本共産党の米倉春奈都議が初めて痴漢の問題で質問したときには、担当部署もはっきりせず、まったく中身のある答弁が返ってこなかったところから考えると、急激な発展です。「痴漢ゼロ」をめぐる情勢の進展は、日本共産党が綱領にジェンダー平等を掲げ、国民とともに運動に取り組んだことが、現実社会にインパクトを与えたことを示す実例です。

党は引き続き、国と行政に対し、痴漢被害の実態を調査し、相談窓口の充実、加害根絶のための啓発や加害者更生を推進することを求めます。

刑法の性犯罪規定の改正をさらに進める

2023年、刑法の性犯罪規定の改正が実現し、「不同意性交等罪」が創設されたことは、第2章でも触れました。▽暴行・脅迫▽アルコール・薬物の摂取▽恐怖・驚愕《きょうがく》▽地位の利用――などにより、被害者に「同意しない意思」の表明、形成、全うを困難にさせた場合、処罰の対象となります。

性行為を自ら判断できると見なす性交同意年齢は、13歳から16歳に引き上げられました。ただし、同世代間の性的行為を処罰することを防ぐためとして、13～15歳は5歳以上の年齢差がある場合に処罰対象とされました。公訴時効（被害に遭ってから訴訟を起こすまでの期限）は5年延長されるとともに、被害時に未成年であった場合は18歳に達するまでの期間が加算されることになりました。性的目的で子どもを懐柔する罪の規定や、盗撮行為を罰する撮影罪を設ける新法も成立しました。

これらの改正は、いずれも性暴力の被害当事者や支援者が求めてきた方向と重なるものです。世界の流れから遅れをとってきた日本でも、「同意の有無」を中核とした法改正が実現したことは、大きな前進です。

同時に、不十分な点も残されています。性交同意年齢の年齢差が「5歳差」というのは広すぎるのではないかという点や、公訴時効の延長が5年では短すぎるのではないか、などです。

日本共産党は、スウェーデンのような「Yes means Yes」型（積極的同意モデル。イエスのみを同意と見なす）の規定を創設すること、5歳差要件を見直すこと、公訴時効の撤廃・停止期間の延長を国会で主張し、修正案として提案しました。引き続き、施行後の動向も見ながらさらなる改正を求めていきます。

警察、検察、裁判で、被害者の尊厳を守る

ジャーナリスト・伊藤詩織さんの著書『Black Box』（文藝春秋、２０１７年）では、被害者に対するとは思えない、警察の過酷な事情聴取の様子が描写されています。裁判では、事件とは関係のない、被害者の過去の性的な経験などプライバシーの暴露が行われています。これでは、加害者の処罰を望んでも、よほどの勇気がなければ訴え出ることはできません。

「性暴力被害者支援情報プラットフォーム THYME（タイム）」の卜田《うらた》素代香《そよか》さん（仮名）は、２０２２年９月16日、性暴力被害を受けた直後に病院の緊急外来を受診したが証拠採取を希望すると「警察の依頼がないとできない」と病院から断られたことや、裁判に訴えると加害者に自らの氏名などが知られる危険があることなど、自らの経験を踏まえ、▽性暴力の証拠保全体制の整備と改善▽起訴状における被害者氏名匿名化のための法改正と運用推進▽被害者の情報保護――を国に対して要望しました。

性犯罪の捜査体制を強化し、事情聴取の専門的な訓練を受けた警察官、検察官の養成や配置を進め、一連の刑事手続きにおいて被害者の尊厳を守ることを求めます。

裁判の立証において、被害者の過去の性的な経験、傾向を用いてはならないとするレイプシールド法の確立を求めます。

性暴力の深刻な被害実態を、司法関係者をはじめ社会全体の認識に高めるための取り組みを強めます。

公教育に人権・ジェンダー視点に立った包括的性教育を位置づける

ＪＫ（女子高校生）ビジネス、ＡＶ（アダルトビデオ）出演強要など、子ども・若者が性被害のリスクにさらされています。相談や啓発の強化が必要です。

同時に、性犯罪やジェンダーに基づく暴力は、根強く残る男尊女卑の社会通念に起因しています。被害を未然に防ぎ、根絶していくために、暴力を生む社会通念そのものを取り除くためのジェンダー平等教育を推進する必要があります。

科学的な根拠に基づいた包括的性教育を推進する『国際セクシュアリティ教育ガイダンス』（ユネスコ）に基づき、人権・ジェンダーの視点に立って、子ども・若者の発達・年齢に適した知識、態度、スキルの獲得を可能にする性教育を、公教育に位置づけることを求めます。

性暴力被害者支援法を制定し性暴力ワンストップ支援センターの充実を図る

内閣府「男女間における暴力に関する調査」（2020年度）で「無理やり性交等をされたことのある」女性は1803人の回答者の6・9パーセントに上ります。人口比で考えると、1年間に6〜7万人が被害を受けていると推計されます。

前記で被害を受けたと答えた人のうち、58・9パーセントが「誰にも相談しなかった」と答えています。多くの被害者は「恥ずかしい」「自分さえ我慢すれば」などと、どこにも誰にも相談できず、警察にも病院にも支援センターにもつながることができずにいるのです。しかし性暴力は、心身に長期に深刻なダメージを与え、被害を思い出し、異性に対する恐怖心を持つなど日常生活にも支障をきたします。被害者が早期に支援につながれることは、その後の被害回復、生活再建にとって極めて重要です。社会全体に、「被害者は悪くない」「性暴力は加害者が悪い」のメッセージを打ち出し、全国どこでも1か所で十分な支援を受けられる体制を整備する必要があります。

男性の性暴力被害者や、障害者、外国人、性的マイノリティ当事者などが相談しやすい体制の充実も求められています。

性暴力被害者が相談できるワンストップ支援センターは、２０２３年11月現在、全国のすべての都道府県、52か所に設置されています。国連の指標である「女性20万人に1か所」と照らすと、日本はまだ約6分の1です。

また、急性期の被害者に医療的ケア（緊急避妊、感染症予防など）、証拠保全を行える病院拠点型センターや、24時間３６５日対応のセンターは、それぞれ20か所程度にとどまっています。各県に病院拠点型センターを最低1か所設置する必要があります。

ワンストップ支援センターの予算不足も深刻です。多くのセンターは脆弱《ぜいじゃく》な財政基盤の下、医師の多忙と低賃金のスタッフ、ボランティアの熱意に支えられている現状です。

性暴力からの回復へ、被害者がすみやかにつながることができるよう、国は抜本的に予算を拡充し、支援体制を強化すべきです。

日本共産党は野党共同で、２０１８年6月、衆議院に「性暴力被害者支援法案」を提出しました。法案の成立に力を尽くし、センターの充実を図っていきます。

オンライン暴力への対策の強化

「昔の交際相手に、性的な写真をSNSにアップされた」「女性がSNSで意見を主張すると、誹謗中傷や殺害予告などが殺到」――オンライン上の暴力は、被害者を精神的に追い詰め、命すら奪いかねない重大な人権侵害です。

国連人権理事会は2018年6月、女性が安全にネットを使用し、暴力や威嚇を受けないことを確保するための勧告を採択しました。また、フランスではこれに先立ち、2017年11月、首相直轄の諮問機関「女男平等高等評議会」が勧告「女性に対するオンライン暴力の不処罰をなくす」を提出、立法強化や被害者保護の充実などを提起しています。

オンライン上の暴力について、通報と削除の仕組みを強化し、被害者のケアの体制をつくります。

AV出演被害の防止・救済、性交契約を禁止する法律の制定目指す

AV出演による被害の防止と救済を目的とした「AV出演被害防止・救済法」が、2022年の通常国会で成立しました。

この法律は、▽書面により契約・説明をする▽契約・説明から撮影まで1か月、撮影終了から公表まで4か月をあける▽公表前に出演者に映像を確認する機会を設ける――ことを事業者に求め、これらに違反した場合、契約の取り消しや解除を可能としています。また、契約に違法がなくても無条件で契約を解除できる規定もあります。事業者は映像の回収を含めた原状回復義務を負い、出演者は公表の差し止め請求ができるとしています。規定に違反した事業者に対する罰則も定められています。これらの規定は、被害防止と被害の救済にとって、これまでにない重要なものです。

同時に、法律はAVの定義を「性行為に係る人の姿態」を撮影した記録などとしています。被害者の支援団体などから、これが実際の性交を伴う契約を合法化するものではないかとの懸念が示され、立法過程で法文の修正が重ねられたものの、まだ課題

を残しています。

法律の付則は、「契約を無効とする条項の範囲」について施行後2年以内に検討を加え、必要な措置を講じるとしています。性交を含む契約を禁止する方向での世論と運動を広げ、さらなる見直しの議論につなげていくために、日本共産党は力を尽くします。

ＤＶ防止法の改正

コロナ禍のもと２０２０年度のＤＶ相談件数は、全国で19万件を超え前年度の１・6倍となりました。10代～20代の交際相手からの暴力も、配偶者によるＤＶと同様に増えました。

ＤＶ防止法の中核的な制度である「保護命令」の発令件数は減少し続けています。「保護命令」は、被害者の申し立てで裁判所が加害者に被害者への接近禁止等を命ずるものです。これが使われずに減っているのは、「保護命令」できる暴力の範囲が、身体的暴力と生命等への脅迫に限定されてきたためです。実際のＤＶ相談では、「暴言」や「無視」などの精神的ＤＶが6割を超え、経済的ＤＶや望まない性行為などの性的ＤＶも増えています。「暴力を寸止めして威嚇するなど、加害者も暴力を選んでいる」、「アザがあるなど緊急性がないと警察が動かず支援につなげないことも多い」などの実態が報告され、支援者・支援団体からは、ＤＶ防止法の対象となる暴力の範囲の拡大の要望が強くあがっていました。

２０２３年５月12日、改正ＤＶ防止法が衆院本会議で全会一致で可決・成立しました。保護命令の対象を、精神的暴力など非身体的暴力の被害にも広げ、保護命令の期間も６か月を１年へと延長しました。これは、被害者支援の現場の要望が一部実現したものです。

一方、「退去命令」（被害者と共に生活している住居からの退去と付近の徘徊《はいかい》を禁止。期間は２か月）の対象には精神的暴力は含まれませんでした。また、保護命令は出るまでに一定の時間がかかるため、加害者にすぐに自宅周辺への接近を禁止するなどの「緊急保護命令」の創設が急務となっていますが、これは導入が見送られました。

支援に携わる人たちが何より求めているのは、「被害者が逃げる選択しかない制度」を変えることです。困難も多様化、複合化する中で、ニーズに沿った切れ目のない支援を行うことが必要であり、逃げられない、逃げないＤＶ被害者をどう支援するのかが課題となっています。

国の予算を増やし、関係諸機関との連携協力・ネットワークづくり、配偶者暴力相談支援センターの増設、24時間相談体制の確立などを進めます。民間への財政支援と関係機関との対等な連携を進め、切れ目のない支援体制を確立・強化します。

民間シェルターへの委託費、運営費への財政的支援を強め、施設条件の改善を進めます。中長期滞在できるステップハウスへの助成、公営住宅への優先入居など、被害者の自立、生活再建のための支援を強めます。

DV被害者や子どもの心身のケアを含め専門スタッフの養成・研修の充実、警察内での教育の徹底などを進めます。

加害者更生を進める

性暴力をなくすには、加害者を更生させること、二度と加害を行わないように行動を変容させることが非常に重要です。

内閣府は2020年度から複数の地方自治体で加害者プログラムを試行的に実施し、

その成果をもとに「配偶者暴力加害者プログラム実施のための留意事項」を２０２３年５月にまとめています。政府は、地方自治体や民間団体の関係者等に対し、加害者プログラムに関する理解の促進を図り、各地域における実施を推進し、全国展開につなげたいとしています。

現在は加害者に更生プログラムへの参加を義務づける仕組みがありません。刑事施設内での更生プログラムの実施を推進するとともに、施設外でも参加が促進されるよう、諸外国のような受講命令・社会更生命令の制度化を日本でも検討すべきです。

性売買、性搾取をなくす

性売買、性搾取をなくす課題にも、力を入れていきたいと考えています。

生活困窮、ＤＶ被害、社会的孤立、性的搾取などで苦しむ女性たちを包括的に支援する「困難な問題を抱える女性への支援に関する法律」（女性支援法）が、日本共産党を含む超党派の提案によって２０２２年に成立し、２０２４年４月から施行されます。

多様な問題を抱える女性への公的支援は、これまで売春防止法（１９５６年成立、翌年施行）が根拠法とされてきました。同法は、女性が売春に「転落」しないよう保護収容し「更生」させることを目的とし、売春を斡旋《あっせん》した業者と勧誘した女性は処罰対象ですが、買う側の男性は罪に問われず、事実上、女性のみを犯罪者扱いする差別的な法律で、福祉と人権増進の観点は不十分でした。女性支援法はそこから転換し、当事者の人権保障を基本理念に掲げるとともに、国と自治体の責務を定めています。支援を受ける女性の声や、婦人相談員など実際に現場で支援にあたる人々の切実な声と運動を力に実現した、重要な前進です。

２０２３年３月には、国が女性支援法に基づく基本方針を示しました。女性が「性暴力や性被害、性的搾取等の性的な被害に、より遭遇しやすい」ことを明確にし、性搾取など女性を困難に追いやる構造に依存せずに生活できる支援の重要性も強調しています。行政のみでは行き届きにくい支援活動をしている民間団体との、対等な立場での協働も重視しています。女性支援法の理念が貫かれる支援施策を拡充することが求められています。

国の予算を抜本的に増やし、女性支援相談員の待遇改善と専門性の担保をはじめ支援体制の強化を進めます。差別や人権侵害を受けやすい女性の実態をつかみ、教育を受ける権利の保障、安定した雇用、健康支援など、実態を踏まえた支援策の充実と差別の是正を図り、あらゆる立場の女性の権利を守るため、党は力を尽くします。

売春防止法は売春を「対償を受け、又は受ける約束で、不特定の相手方と性交すること」（第2条）と定義し、「何人も、売春をし、又はその相手方となってはならない」（第3条）としています。法律上は、性売買は禁止されているはずなのです。しかし実際には、不十分な法規制をぐって、様々な形態の性サービスを提供する業者が存在します。「『性交』ではなく『性交類似行為』しかさせていない」などという建前で、営業できる抜け道があるのです。

警察が取り締まるのは、売春を斡旋した者と、路上等で売春の勧誘をしたと見なされた女性たちばかりで、買春者はおとがめなしです。性を買う人たちはコソコソするどころか、「売っているものを買って何が悪い」「自分たちは女性たちにお金を払うんだから、むしろ人助けをしている」など、堂々とふるまっています。芸能人が性風俗通いを堂々とお笑いのネタにできるほど、他人の体をお金で買うことを恥とも思わない感覚が蔓延《まんえん》してしまっている日本の現状は、恐ろしいと思います。

家にも学校にも居場所がない若年女性が繁華街をさまよい、そこに業者が声をかけて女性たちを性産業に取り込んでいます。少女たちとつながり、性産業に取り込まれることを防ごうと活動してきたのが、一般社団法人Colabo（コラボ）です。コラボは、新宿・歌舞伎町や渋谷の繁華街の一角で月数回、夜間から深夜の時間帯にバスとテントを設置し、無料の「バスカフェ」を開いてきました。カフェでは食事、スマホの充電、必要な物品や衣類、泊まる場所のない少女には宿泊場所を提供するなどして、継続したつながりをつくる活動をしています。

夜の街にいる少女たちの多くは、自分からは助けを求めません。助けを求めてよいと知らなかったり、行政や大人は信用できないと思っていたりするためです。コラボは、少女たちと年齢が近いスタッフが組を作って街を歩き、困っていそうな少女を探して声をかけてつながるアウトリーチ活動を先進的に行ってきました。女性支援法はコラボのような活動の重要性を認めています。居場所がない少女の支援は本来行政の仕事ですが、少女らが公的支援につながりにくいことを踏まえ、関係機関と民間団体との協働で切れ目ない支援を実施すると定めたのです。

コラボは、東京都が国の補助金を受けて行っている「若年被害女性等支援事業」を委託され、2021年度は年2600万円の委託料を受けていました。ところが22年、その会計報告に「不正がある」として、インターネット上に「貧困ビジネス」「公金ドロボー」といった悪質なデマがふりまかれ、住民監査請求が行われました。監査の結果、コラボに対する公金の過払いは1円もないどころか、コラボからの多額の持ち出しがあり、「公金不正受給」の事実は一切ないことが確認されました。にもかかわらず、コラボへの攻撃はやむどころか悪化しました。複数人の男がバスカフェ周辺に立ちはだかりカメラを回す、男たちが夜回りに出たスタッフを取り囲み、動画撮影しながら「税金返して」「何で逃げるの」と嫌がらせをするなど、妨害はネット上だけでなく実際の活動現場にも及びました。これらの攻撃は、コラボに少女たちがつながることを妨害し、性搾取や性暴力の危険にさらす、許しがたい人権侵害です。

コラボの活動への攻撃は、性売買・性搾取を温存したいと考える勢力によるバックラッシュ（逆流）が、いかに激しく執拗《しつよう》なものであるかを示しています。これを跳ね返し、前進しなければなりません。

相談・啓発の体制を強化し、現に性産業に従事する人たちの健康と安全を守るための取り組みを強めることが必要です。売春防止法の規制が不十分なもとで、組織的な性売業者が野放しにされ、違法行為や人権侵害が見逃されています。現行法のもとでも、厳正な監視、対策を強めなければなりません。新たに制定された女性支援法を生かし、相談・支援体制を充実させ、生活支援、住宅保障、教育などをつうじて就労や経済的自立につなげます。

また、事実上女性にのみ厳罰を科す売春防止法第5条（売春勧誘を処罰する規定）を削除し、売春防止法を抜本的に改正します。性を売る女性は非処罰化し、業者と買春者を処罰する「北欧モデル」と呼ばれる立法に学び、個人の尊厳とジェンダー平等の立場にたった法整備を進めていきます。

「北欧モデル」は1999年にスウェーデンで成立した買春者処罰法が始まりです。スウェーデンでは性売買を、道徳の問題ではなく、女性への暴力であり人権問題だと判断し、女性への暴力をなくす関連法のうちの一つとして「買春罪」を制定しました。2010年に出されたスウェーデン法務省の報告書によると、買春罪の支持率は72パーセントで、女性の85パーセント、男性の60パーセントがこれを支持しています。スウェーデンの主要な都市の街頭で「客引き」をする女性は、1995年の約650人から2014年には約200～250人へと減少したといいます。

スウェーデンの「北欧モデル」の成果を受け、EU議会は2014年、「性搾取と性売買がジェンダー平等に与える影響に関する決議」を採択しました。この決議は、あらゆる性売買が人間の尊厳と人権を侵害すると強調し、EU加盟国が脱性売買を願う女性たちへの支援を講じることを勧告しました。「北欧モデル」は、韓国（2004年）、ノルウェー（2009年）、アイスランド（2009年）、カナダ（2014年）、フランス（2016年）、アイルランド（2017年）、イスラエル（2018年）などに広がっています。

日本共産党が性売買をなくしていくべきだと考える理由を、以下にもう少し詳しく述べます。

第一に、性売買は暴力や性的侵害の危険と隣り合わせだからです。

性的部位は、身体の中でも極めて繊細で脆弱な部分です。とくに女性の性的部位は身体内部にまで及び、性的接触による感染症の危険もあります。性行為は通常、密室で、身体を接近して行われるため、さまざまな侵害行為にさらされやすくなります。異性間の性行為には女性が妊娠するリスクが伴います。女性のリプロダクティブ・ヘルス&ライツ（性と生殖に関する健康と権利）への侵害となることが避けられません。

よく「業者には、従事する女性たちを客の暴力などから守る役目がある」と、性風俗業者を持ち上げ擁護する議論がありますが、これは実態を反映していません。性風俗業者が店で働く女性たちに「本番行為（性器の挿入を伴う性交）は断りましょう。さもなければお店や他の女の子に迷惑がかかります」というマニュアルを徹底しているという話を聞きました。しかし、実際に密室での1対1の場面で客から「本番」を求められたとき、その女性は断ることができるでしょうか。そのとき、業者がどうやって守るというのでしょうか。本番行為を断るかどうかは、結局、女性の自己責任にされています。業者は、「店は関知していない。本人が勝手にやったことだ」と言い抜けることができるのです。

「世の中には警察官や消防士など生命や身体の危険を伴う仕事はいくらでもある。性売買が特別に危険と言えるのか」という意見もあります。しかし性産業に従事する女性たちは、危険を避けるための専門的な知識や技能を身につけて従事しているわけではありません。むしろ未熟であればあるほど高い値段がつくという、他の仕事にはあり得ない特徴があります。危険性をいくら強調してもしたりないほどだと考えます。

第二に、性売買は歴史的にも現実においても、明らかに男女に偏りがあるジェンダー不平等の現象形態であり、性売買の容認は、男女平等、ジェンダー平等を目指す立場とは相いれないということです。

「自発的にこの仕事をする女性もいる」と、女性の職業選択の問題として議論されることがあります。しかし、虐待や貧困で家族には頼れず、住む場所もなく、当座食べていくためのお金もなく、すぐにできる仕事を探したら性産業に行き着いたというケースが本当に多いのです。家庭の事情に恵まれなくても学費や奨学金の返済に困らず、8時間働けばふつうに暮らせる賃金が保障され、シングルマザーでも安心して子どもを育てられ、病気などで働けなくても社会保障で健康で文化的な最低限度の生活が保障されていたならば、そもそも性売買を選ばない人が圧倒的多数でしょう。「困ったときには女性は体を売れば良い」というメッセージが、社会から常時流されていること、誰かの性を別の誰かが買う＝搾取することが、いとも簡単にできてしまうこの社会のあり方自体が問題ではないでしょうか。

性売買は本質的に性搾取であり、女性に対する構造的な暴力です。性売買は「ジェンダー不平等」の結果であり、また、それが容認されることが「ジェンダー不平等」を固定化・永続させる原因ともなります。

第三に、性は「個人の尊厳」そのものであり、決して売買の対象にしてはならないものだと考えるからです。

「性売買は双方の同意に基づく性行為であり、暴力や搾取には当たらない」という議論があります。しかし、金銭を介在させる性行為が、本当に対等で、双方の同意に基づくものだと言えるでしょうか。「自発的にその仕事をしている」という女性も、金銭をもらわなければ、見ず知らずの、恋愛感情を持ったこともない相手と性行為をしないはずです。つまり、金銭が介在することは本質的には「同意がないこと」の証明なのです。

「お金を払っている」ということで、買い手は売り手に対して圧倒的に強い立場に立ちます。買い手や業者は、性を売る人の「同意」、すなわち性的自己決定権を、金の力にものをいわせて侵害しているととらえるべきです。

エンゲルスは『家族・私有財産・国家の起源』の中で、売春がなくなり、真の愛情に基づく「性的同意」のみが前提となる性関係の構築を、人間による人間の搾取のない未来社会の展望として語っています（詳しくは第4章で紹介します）。そうした社会の実現を綱領に掲げる日本共産党にとって、性売買・性搾取をなくすことは当然の目標です。

同時に、今日、この主張は決して「社会主義・共産主義の社会になったときに達成される、遠い未来の展望」ではないということも強調したいと思います。フラワーデモや刑法改正を目指す運動の中では、「性的同意」が重要なキーワードとなってきました。包括的性教育のガイドラインを示した、ユネスコ『国際セクシュアリティ教育ガイダンス・改訂版』（明石書店、2020年）では、15〜18歳以上に「健康で、よろこびのある、パートナーとの合意したうえでの性的行動のために同意は不可欠である」（109ページ）、5〜8歳に「一生を通して、自分のからだや他者と親しい関係になることを楽しむことは、人として自然なことである」（139ページ）など、真摯な同意に基づく性関係の「よろこび」を教えることを提案しています。そして、12〜15歳に「取引的な性的行為、金銭や物品と性的行為の交換は、自分の健康やウェルビーイング（幸福）を危険に晒《さら》す可能性がある」（143ページ）ことを教えるとしていることが注目されます。金銭を介在させた性行為では「よろこび」「幸福」は得られない——これが、ジェンダー平等の立場に立ち、それを推進するための「包括的性教育」の最新の到達なのです。

真の愛情に基づく「性的同意」が尊重される社会を目指す立場に立つからこそ、私たちは、性売買の容認、合法化ではなく、なくしていく立場に立ちたいと思います。

（参考文献）
＊シンパク・ジニョン他『性売買のブラックホール――韓国の現場から当事者女性とともに打ち破る』（ころから株式会社、２０２２年）
＊仁藤夢乃編著『当たり前の日常を手に入れるために――性搾取社会を生きる私たちの闘い』（影書房、２０２２年）
＊角田由紀子『性と法律――変わったこと、変えたいこと』（岩波新書、２０１３年）
＊宮本節子『ＡＶ出演を強要された彼女たち』（ちくま新書、２０１６年）
＊角田由紀子「性売買の法的規制を考える」（『月刊憲法運動』２０２２年10・11月号）
＊中里見博「性の売買と人権」（『日本の科学者』２０２０年６月号）

日本が責任を負う戦時性暴力＝「慰安婦」問題の解決を進める

日本軍「慰安婦」問題は、日本がおこした侵略戦争のさなかに、植民地にしていた台湾、朝鮮、軍事侵略していた中国などで女性たちを強制的に集め、性行為を強要した非人道的行為です。当時の国際法規からみても違法行為です。

「慰安婦」とされたすべての被害者が人間としての尊厳を回復してこそ真の解決になります。政府は、女性の人間としての尊厳を踏みにじった歴史の真実に対して、「性奴隷制」の加害の事実を認め、被害者への謝罪と賠償の責任を果たすべきです。

国連からも、指導者や公職にある者が「慰安婦」問題に対する責任を過小評価し、被害者を再び傷つけるような発言はやめること、被害者の救済の権利を認め、十分かつ効果的な救済および賠償を提供すること、「慰安婦」問題を教科書に適切に組み込み、歴史の事実を子どもたちや社会に客観的に伝えることなどの勧告を受けています。

日本政府に、日本軍「慰安婦」に対する加害の事実を認め、被害者への謝罪と賠償の責任を果たさせます。「軍の関与と強制」を認め、歴史研究や歴史教育を通じて

「同じ過ちを決して繰り返さない」とした「河野談話」（1993年8月）にそい、子どもたちに歴史の事実を語り継いでいきます。

5　リプロダクティブ・ヘルス&ライツに立った政治を

リプロダクティブ・ヘルス&ライツは、子どもを産む・産まない、いつ何人産むかを女性が自分で決める基本的人権です。性と生殖に関する健康や、それについての情報を最大限享受できることも、大事な権利の一環です。

日本ではこの分野でも、以下の4つの遅れがあります。

1つは教育の遅れです。日本は、性教育が極めて不十分です。子どもたちは、人間の生理や生殖、避妊についての科学的な知識も、互いを尊重し合う人間関係を築く方法も、自分の心や体を傷つけるものから身を守るすべも十分に学べないまま、成長していきます。

社会には意図的に中絶へのスティグマ（負の烙印）が広げられ、明治期から残る刑法の自己堕胎罪もあいまって、多くの女性が深い苦しみを抱えてきました。予期せず妊娠し、誰にも相談できず、たった一人で自宅や公園のトイレなどで出産した女性が逮捕される悲しい事件が、後を絶ちません。

2つは避妊法の遅れです。日本では避妊法として、女性に選択権がなく失敗率の高いコンドームが多用され、他の先進国に比べて低用量ピルやＩＵＤ（子宮内避妊具）の使用率が極めて低くなっています。性交後、72時間以内に服用すれば約8割の妊娠を防げる緊急避妊薬は、薬局で入手できず、価格も1～2万円と高額です（アメリカは3200～6400円程度、イギリスでは通常は保険がきき無料、自費でも1400～2100円程度。「#もっと安全な中絶をアクション（ＡＳＡＪ）」のホームページより）。

3つは中絶にまつわる遅れです。日本の中絶は搔爬《そうは》法という手術が主流です。ＷＨＯ（世界保健機関）は「搔爬法は時代遅れ」だと指摘し、「安全な中絶」として、妊娠初期には中絶薬と吸引法を推奨していますが、日本では普及が遅れています。

日本の中絶は公的医療保険が適用されず自由診療であるため、妊娠初期でも10万～20万円の費用がかかります。一方、中絶薬の海外での平均卸価格は780円程度です。

安全性が高くセルフケアが可能だとされているため、自宅での服用ができる国もあります。ところが日本では、経口中絶薬がようやく2023年4月に承認されたものの、価格は手術と同等の約10万円になる見通しです。せっかく世界水準の中絶薬が承認されても、価格や運用により、必要な人が必要なときに使えない可能性があるのです。

4つは法律の遅れです。刑法には、「妊娠中の女子が薬物を用い、又はその他の方法により、堕胎したときは、一年以下の懲役に処する」(第212条)という自己堕胎罪が規定されています。人工妊娠中絶の手術を受けるときには、母体保護法に基づき、原則、配偶者の同意が求められます。中絶に関し、女性の自己決定権を認めていないのです。

以上のような遅れに対し国連からは、▽思春期の女子および男子を対象とした性と生殖に関する教育が学校の必修カリキュラムの一部として一貫して実施されることを確保すること▽刑法の堕胎罪をなくすこと▽母体保護法を改正し、配偶者の同意要件をなくすこと――などの勧告を受けています。

包括的性教育の推進を

諸外国では性教育の実践が進んでいます。前節でも紹介したユネスコ『国際セクシュアリティ教育ガイダンス』は、子どもの年齢と発達段階に応じて、科学的に性や人権、ジェンダー平等について教えるカリキュラムを提案しているものです。日本では性教育というと、第二次性徴とか、赤ちゃんはどうやってできるのかといった話を連想しますが、このガイダンスが提案しているのは「包括的性教育」と呼ばれ、尊厳をもって生きることすべてにかかわるものという考え方に基づくものです。

たとえば5～8歳では、「誰もが、自分のからだに誰が、どこに、どのようにふれることができるのかを決める権利をもっている」として、幼稚園から小学校中学年くらいまでの間に、あなたの体はあなたのもの、私の体は私のものということを教えます。そして、嫌な触られ方をしたら、どのように反応するかというスキルも身につける教育をしています。また、「おとなや知り合い、信頼する人、たとえ家族によるものだったとしても」、性暴力や虐待は子どもの権利の侵害であり、被害者は決して悪くないのだと教えます。9~12歳の前期思春期では、「性的な扱われ方というものがある」ことを教えます。思春期真っただ中の中学生年齢12~15歳では、性的行為の主体者、場合によっては加害者にもなり得る年齢であることを踏まえ、「誰もが、性的な行為をするかしないかをコントロールする権利をもち、またパートナーに積極的に自分の意思を伝え、相手の同意を確認すべきである」ということを学びます。そして高校生年齢に対しては「健康で、よろこびのある、パートナーとの合意したうえでの性的行動のためには同意は不可欠である」ことを学ぶとともに、「同意を認識し、同意を伝える能力に強く影響を与える要因に気づくことが重要である」として、アルコールや薬物、貧困、力関係が同意のない性的行為の原因となることについて、しっかりと知識を持てるようにしています。

このように、子どもたち、若者たちが、自分で自分の体の主人公となり、互いに尊重し合った、対等な、喜びのあるパートナーシップを結べるようになっていくことを後押ししていこうというガイダンスなのです。こうした教育をいきわたらせることが、不同意性交という性暴力をなくしていく力になると思いますし、予期せぬ妊娠による悲劇なども少なくしていけると思います。

避妊も中絶も、女性の大切な権利です。避妊薬と緊急避妊薬を安価で入手しやすくします。経口中絶薬を、適正な価格で誰もが入手・利用しやすくし、中絶医療を国際水準まで高めます。

明治期から残る刑法の自己堕胎罪や、母体保護法の配偶者同意要件を廃止します。党は2023年6月、「刑法及び母体保護法の一部を改正する法律案」を参議院に提出しました。法案は、刑法の自己堕胎罪を廃止するとともに、母体保護法の配偶者同意要件を廃止し、人工妊娠中絶を受けられる対象を、身体的・経済的理由で母体の健康を著しく害する恐れがある者や、暴行・脅迫により妊娠した者に限定している要件を廃止するとしています。また検討事項として、中絶を認める指定医制度の見直し、高すぎる中絶費用への保険適用を盛り込んでいます。この実現に力を尽くします。

なお、「中絶の権利を認めると、安易な妊娠・堕胎が増えるのでは」「胎児の生きる権利はどうなるのか」などの意見が出されることがあります。これに対してお伝えしたいのは、中絶する人にはやむにやまれぬ事情があるということです。また、妊娠の継続・出産を強制する権利は誰にもないということです。中絶を選んだ人を責めるのではなく、心身の適切なケアと、望まない妊娠を防ぐための支援の充実こそ必要です。

「生理の貧困」の解決を

2021年2月から5月に取り組まれた「みんなの生理」アンケート（「日本の若者の生理に関するアンケート調査」、「#みんなの生理」実施）で、過去1年間に金銭的理由で生理用品の入手に苦労したことがある若者が5人に1人に上ることが明らかになり、「生理の貧困」に光が当たりました。これまで生理について大っぴらに語ることはタブーとされ、女性が人知れず、身体的・経済的な痛みに苦労してきた生理の問題がオープンに語られるようになったことは前向きな変化です。

新日本婦人の会などの女性団体が各地で「学校や公共施設のトイレの個室に生理用品の設置を」と積極的に申し入れを行ったことも受けて、多くの自治体が生理用品の無償配布に踏み出しました。これを恒常的な施策としていくこと、学校など公的施設のトイレへの設置をさらに進めるとともに、非課税の対象とするなど、より安価で入手しやすくしたいと思います。また、経済的支援の問題とあわせ、すべての人が、人間の「生理」をきちんと理解し、職場や学校においても生理休暇をとりやすくしていくことなど、誰もが健康で快適に過ごせる社会づくりを進めていくことが大切です。

女性の健康を守り、安心して妊娠・出産できる体制を充実させる

安全な妊娠・出産のための周産期医療体制を充実させます。産科医不足を解消するために、国の責任による産科医の育成・研修を進めます。地域の産院・産科病院への公的支援を強化し、産科・小児科・救急医療などの診療報酬を引き上げます。国公立病院の産科切り捨てをやめ、周産期医療を守る拠点として支援します。産科医の過酷な労働条件の改善を進めます。

女性産婦人科医の妊娠中の当直免除、産休・育休中の身分保障、代替要員の確保、職場内保育所の設置、職場復帰に向けた研修など仕事と家庭の両立支援を進めます。助産師・助産院への公的支援を進めます。医師と助産師の連携を国の責任で促進します。

妊婦検診や出産費用の軽減、ベビー服や哺乳瓶などの育児用品を贈る制度の導入など、妊娠・出産にかかる経済的負担を軽減します。出産一時金の金額を大幅に引き上

げます。

国の制度に位置づけられた産後ケアセンターを充実させます。心身ともに不調になりやすい産後の支援を強めるために、国の予算を増やし、すべての自治体が退院直後の母親の心身のケアや育児サポート事業を継続して進めていけるようにします。

不妊治療の経済的、精神的負担の軽減を図ります。2022年4月から保険適用の範囲の拡大が実現しましたが、引き続き経済的負担の軽減を進めるとともに、女性の不妊専門相談センターの整備・拡充、リプロダクティブ・ヘルス&ライツに基づき、女性の自己決定権を保障する立場からのカウンセリング体制の強化など、支援を強めます。生殖補助医療においては、生まれた子どもの「出自を知る権利」保障など、人権とリプロの立場を貫きます。

乳がん、子宮頸《けい》がんの早期発見と治癒率向上を目指し、国の予算を引き上げ、自己負担の軽減、無料化を図ります。骨粗しょう症や甲状腺障害など女性に多い疾病の予防・健診の充実を進めます。

女性が健康に生涯をおくるための支援、性差を考慮した医療の充実を進めます。若い女性をはじめとして、女性が生理やホルモンバランスによる体調不良、避妊、更年期障害など、さまざまな悩みや不調を気軽に相談でき、女性の権利やプライバシーを守りつつ、親身に対応でき、必要な医療につなげられる窓口を整備します。

6　意思決定の場に女性を増やし、ジェンダー主流化を進める

1990年代以降、世界は「ジェンダー主流化」を合言葉に、根強く残る男女格差の解消を進めてきました。「ジェンダー主流化」とは、あらゆる分野で、計画、法律、政策などをジェンダーの視点でとらえ直し、すべての人の人権を支える仕組みを根底からつくり直していくことです。

そのためにも、政治家や企業の管理職はもちろん、各種団体、地域など、あらゆる場面で女性の参画を進めることが求められています。意思決定の場に女性を増やすことは、ジェンダー平等を進めるために欠かせません。

しかし、自民党にはそうした意識が本当に乏しいようです。資料11は、外務省の

資料11　「男しかいない」会議の写真

出所：Twitter（現X）

Twitter（現X）と自民党の茂木俊充幹事長が発信したTwitterです。「男しかいない」政治の風景に何の違和感も持っていないからこそこのような発信ができるのだろうと思いますが、こうした男性ばかりの会議や交渉団は、世界では異様にうつります。

核兵器禁止条約の採択に至る過程でも、交渉会議の議長は女性が務めていました。2019年に岩波書店から出版された、カナダ在住の被爆者、サーロー節子さんの自伝『光に向かって這《は》っていけ――核なき世界を追い求めて』には、次のように書かれています。

「国際会議の出席者を選ぶ際にもジェンダー的なバランスを考えることは、今や世界の常識だし、男性ばかりの顔ぶれの会議はそれ自体が問題視され、会議の結論の信頼性すら問われかねないのが現実なのだ」

同時に、これは私たち日本共産党にも強く問われている問題です。さまざまな意思決定をする場が、男性ばかりということはないか。会議は女性や若い世代も発言しやすく、その意見がしっかり受けとめられる運営がされているか。意識的に、意思決定の場のジェンダーバランスをとっていくことが必要になっています。

意思決定の場に女性を増やす

「2030年までに政策・意思決定の構成を男女半々に」するという目標を掲げ、積極的差別是正措置を活用した実効性ある本気の取り組みを進めます。政府や自治体の行政機関、管理職、審議会などへ、男女の平等な参加を進めます。政府と自治体が計画的に女性の採用、管理職への登用を行うようにします。民間企業に改善計画、数値目標の策定・公表を義務づけます。

「政治分野における男女共同参画推進法」の立法趣旨に沿い、パリテ（男女議員同数化）に取り組みます。政党の努力義務とされている女性候補者擁立の目標設定を、国政選挙において義務づけます。同時に、小選挙区制が中心の選挙制度のもとでは、そもそも女性候補者を擁立しにくく、パリテは困難です。民意を正しく反映するとともに女性議員を増やす力にもなる比例代表制中心の選挙制度に変えること、高すぎる供託金を引き下げることは、ジェンダー平等を進める上でも重要です。

両立支援、セクシュアル・ハラスメント防止、議会の民主的改革などの条件整備を進めます。

防災・復興にも女性の意見を反映できる仕組みをつくります。中央・地方の防災会議、避難所運営への女性の参加を促進します。

女性の人権を国際基準に――選択議定書の批准を

女性差別撤廃条約を実効あるものにするため、「調査制度」と「個人通報制度」を定めているのが選択議定書です。2023年4月現在、条約締結国189か国中115か国が選択議定書を批准していますが、日本は未批准です。これが、日本のジェンダー平等が国際的に遅れている一因ともなっています。一刻も早い批准を求めます。

選択的夫婦別姓制度の導入とともに、女性にだけある離婚後１００日の再婚禁止期間の廃止や自己堕胎罪の廃止など、法律に残されたすべての差別的条項を改正します。女性差別撤廃条約に基づいてあらゆる施策、法律を見直し、未批准のＩＬＯ条約の早期批准を進めます。

コロナ禍における「特別定額給付金」支給でも大きな矛盾と混乱をもたらした、憲法の両性の平等の見地とも反する「世帯主規定」を廃止します。

7 「ジェンダー平等」に取り組むときに大切にしたい2つの姿勢

ジェンダー平等に取り組むときに、日本共産党が大切にしたいと考えている2つの姿勢について、お話しします。

一つは、「With You（ともにある）」の姿勢で取り組むということです。ジェンダーの課題では、すでに勇気を出して声をあげてたたかっている人たちがいます。同時に、まだ苦しみや困難の中にあって、声を出せずにいる人が、そのまわりにさらにおおぜいいます。ジェンダーの課題というのは、声をあげるといろいろなバッシングを受けたりしますし、自分自身も、自分の痛みにふたをしないで、日々向き合って過ごすことになりますから、声をあげること自体、簡単ではありません。本当に苦しいことなのです。ですから、私たちは声をあげた人を絶対に孤立させない、また、声をあげられずにいる人の存在をいつも心に留めて、「あなたの声を聞きます」「私たちはあなたとともにいます」という姿勢で取り組んでいく、このことが本当に大切です。これは「国民の苦難あるところ日本共産党の活動あり」という、党の原点の発揮そのものだと思っています。

もう一つは、「学び、自己改革する努力」です。党内外の先進的な取り組みに学び、リスペクトの姿勢で、ともにたたかう姿勢を大事にしたいと思います。ジェンダーの問題というものは、ただ自民党を批判していれば済む話ではありません。絶えず、自分たち自身も、本当にジェンダー平等を実践できているのかが問われます。ジェンダーは、私たち誰もが毎日そのシャワーを浴び、深く内面化している問題です。学べば学ぶほど、自分の中にも差別意識や偏見があったことに気づいたり、昔、無知ゆえに人を傷つけてしまっていたことに思い当たって苦しくなったりすることもあると思います。ジェンダー平等を求める声は、私たちが長く「当たり前」「そんなものだ」と思い、見過ごしてきたことへの問題提起でもあることから、耳に痛く、共感しにくく感じることも多いかもしれません。しかし、気づいたところから、私たちは誰もが成長していけます。そして、共産党には学び成長できる力があります。

8　ハラスメントの根絶宣言

ハラスメントの根絶は、とくに重要な課題です。党自身の中にもハラスメントに関する課題があることを、第28回党大会第8回中央委員会総会（2023年6月。以下、8中総）であらためて正面から指摘し、その根絶を誓い合いました。これを抜きにして党を大きくすることはできないし、次世代に党の歴史をつないでいくこともできないと、緊張感をもって受けとめる必要があります。

ハラスメントは今、大きな社会問題となっています。職場でも、大学や学校でも、スポーツ界でも、芸能界、映画や演劇界でも、自衛隊の中でも、深刻なハラスメント被害があることが、連日ニュースになっています。そしてもちろん党も例外ではありません。

ハラスメントは、競争的・成果主義的な環境のもとで起こりやすいという特徴があります。党活動の中でも、たとえば選挙の投票日が近づいているのに、やるべき課題が遅れているなどの緊張した場面に直面することが、よく起こります。そうしたときには、一人ひとりがよほど自覚的に自らを戒めていなければ、乱暴なものの言い方をしてしまったり、いらだちをそのまま他人にぶつけてしまったりして、相手を深く傷つけるということが起こり得るのです。

ハラスメントの本質と特徴

ハラスメントをなくすためには、ハラスメントの本質を理解することが大切です。

ハラスメントとは、単なる「嫌がらせ」ではありません。もともとの語源は、猟犬をけしかけるときの叫び声 Harass だそうです。ハラスメントとは、猟犬に追われた獲物が感じるであろう絶望的な疲労感を指すとされます。単に「相手を不快にさせること」というような生易しいものではなく、身近な人から執拗に繰り返されることによって、生気を奪われ、絶望的な深い疲労を覚え、ついには心身を病んでしまい、最悪の場合には命を絶つことにすらつながってしまうような罪深い行為なのです。他者を攻撃し、その尊厳を傷つける暴力であると理解する必要があります。

ハラスメントは、傷つける意図をもって行われるものばかりでないことが、根絶や解決が難しい一因です。ハラスメントをしてしまう人というのは、実はその組織の中では非常に実力や実績があって、周囲からもその力が認められており、その人の言うことはだいたいなんでも通ってしまうというケースが多くあります。そういう人が、自分よりも若い人や経験が浅い人に、「励ますつもりで」「親しみを込めたつもりで」軽口をたたき、相手が笑っているので、自分は相手からも好かれていると思い込んでいたり、「議員だったらこれくらいするのが当然だ」など、「育てるつもりで」「有益なアドバイスのつもりで」相手の事情をおもんぱかることなく自分の価値観を押しつけたり、というふるまいを、してしまいがちです。

ハラスメントは、力関係の差があるもとで起こるのだという知識を持ちましょう。そして、経験が長かったり、役職についていたりする人ほど、自分ではそんなつもりがなくても、相手は「上から言われた」「威圧された」「否定された」と感じてしまうことがあるかもしれないと自覚することが、ハラスメントを根絶していくためにはどうしても必要です。また、ハラスメントをしてしまうのは、必ずしも「年配の男性」に限りません。女性であっても、若手であっても、相手との関係性によっては、誰もが加害者にもなり得るのだということを、心しておくことが必要です。

ジェンダー学習は、その気づきと自己改革の大事なきっかけになっています。ある県では、党の支部ごとにジェンダー学習会に取り組んでくる中で、さまざまな変化を実感しています。ある支部では、会議中にいつも大きな声で異論をさえぎってしまう男性党員がおり、女性たちが怖がって、一時期、女性班、男性班に分かれて支部会議をしていたそうです。しかし、ジェンダー学習会をきっかけに自己改革が始まり、互いが対等に意見を言い合える雰囲気がつくられ、今ではまた一緒に会議ができるようになったそうです。

私はこの話を聞いて、こういう風に正面から学んで、政治変革にも、自己改革にも、真面目に取り組もうという人たちがおおぜいいる共産党は、やっぱり素晴らしい組織だなとあらためて思いました。

「事実と党規約にもとづいて」向き合う

ハラスメントが起きてしまったらどうするか。8中総では「ハラスメントが起こったときには、事実と党規約にもとづいて、真摯に解決に向き合うことが求められます。党機関も支部も、先延ばしにしたり、曖昧にしたりせず、問題解決に真剣にとりくむことを、心から呼びかける」（8中総の幹部会報告。文献パンフ27ページ）としています。「事実」と「党規約」、これが指針です。

相談や訴えを受けたら、まずは相談者の主張に真摯に耳を傾け、丁寧に話を聞くことから始めます。相談者が被害者本人の場合、ハラスメントを受けた心理的な影響から、必ずしも理路整然と話すとは限りません。その心情に寄り添い、忍耐強く聞く必要があります。聞き手の評価はさしはさまず、相談者が認識している事実関係を把握するように努めます。また、相談者が何を求めているのかも把握します。「ただ話を聞いてもらいたい。他の人には広めないでほしい」と思っている場合もありますし、相手に行為をやめてほしい、謝罪してほしい、規約に基づき処分してほしいなど、さまざまなケースが考えられます。

プライバシーへの配慮や二次被害防止の観点から、相談者の了解なしにはほかの人には話を広げないという立場で臨みます。同時に、ハラスメントは個人の問題ではなく組織の問題でもあるので、被害者が安心を回復して元気に活動できるようになり、同じようなハラスメントの再発を防ぐためには、集団的な検討・対応を行うことが必要です。その旨を相談者に話し、了解を得たうえで、しかるべき人に情報を共有し、集団で解決に当たれるようにします。

ハラスメントの相談を受けたときに最もやってはならないことは、「あなたにも悪いところがあったのでは」と責めたり、「あの人はああいう人だから、我慢しなさい」とか、「あの人は大事な役割を果たしている人だから、大ごとにすると党に傷がつく」などとかばったりすることです。相談した相手から信じてもらえなかったり、軽くあしらわれたり、被害を訴えた側がトラブルメーカー扱いされたりすることは、深い心の傷となり、党そのものへの不信にもつながってしまいます。ハラスメントの被害者は、人から言われなくても、自分自身が「なぜあのときにハッキリ断れなかったのか」など強い自責の念を抱えていることが多く、相談すること自体に葛藤があります。相談してくれた勇気をたたえ、その信頼にこたえるべきです。

ハラスメントによる心の傷は、被害から時間が経《た》てば自然に癒えるものではありません。相談者が語る被害がどんなに昔のものであったとしても、被害の痛みは現在進行形であることを理解しましょう。

真剣な自己検討と集団的論議で再発防止を

行為者とされた人から事実関係を聴取する場合には、十分な弁明の機会を与えるようにします。冷静、公平な態度を心がけ、事実の把握に努めます。

当事者間で事実関係に関する主張に不一致があり、事実確認が十分にできない場合には、第三者から事実関係を聴取することも必要です。

事実の調査の結果、ハラスメントがあったことが確認されれば、相談者の求める対応を行為者に対して求めます。行為者が自らの行為が事実だと認めた場合も、「言い方がまずかった」などの表面的な反省にとどまれば、同様の言動を繰り返してしまう可能性があります。どういう思想から発生したものであり、どうしたら再発を防止できるのかについて、綱領や規約、大会決定に立ち返り、徹底した真剣な自己検討を求めることが大切です。

ハラスメントの内容が違法性、悪質性が高いものである場合には、党規約に基づく規律違反の対象となり得ます。

支部や機関でも、なぜハラスメントが起きてしまったのか、なぜ相談があるまで気づかなかったのかなどについて自己検討を深め、再発防止に努めます。

ハラスメントの被害者が健康や安心を回復するためには、最低3つのことが必要です。①その行為がハラスメントだったと認めてほしい②謝罪してほしい③二度と起こらないようにしてほしい――の3つです。①の部分でつまずくケースが少なくありません。ハラスメントを指摘されて、すぐにそうだと受け止められる人は少ないのです。そこを「事実」に基づいて、きちんと明らかにしていくことが必要です。

ただし、単に「ハラスメントか否か」を認定し、本人に通告するだけでは解決になりません。違法性の有無を判定することが目的でもありません。ハラスメントを起こしてしまった側に、それが党員としてふさわしい言動ではなかったことを理解してもらい、心からの謝罪と反省、そして、学び自己改革をする決意を引き出せてこそ、被害者も納得がいく解決になりますし、団結が回復され、党の成長にもつながります。

どう予防するか

ハラスメントで一番大切なのは予防です。そして、党はハラスメントを防ぎ、克服する力を持っています。

党は規約の第五条「党員の権利と義務」の冒頭に、「(一)市民道徳と社会的道義をまもり、社会にたいする責任をはたす」と掲げています。党員は、政策的に支持されるというだけでなく、社会生活や日常生活の面でも道理と節度ある態度を守り、国民と社会の信頼を得られるようにしようという提起です。これは、「…してはならない」という「べからず」式の義務条項ではなく、日本共産党がこの面でも社会変革の先頭に立つのだという積極条項として、掲げられています。

市民道徳の内容は社会の発展に伴って変化し発展するものですから、規約の中には具体的に書き込んでいません。ただ、党の過去の決定、1997年の第21回党大会では、「民主的な社会の形成者にふさわしい市民道徳」として、憲法と、安倍政権によって改悪される前の教育基本法に基づき、10項目を提唱しています。「人間の生命、たがいの人格と権利を尊重し、みんなのことを考える」、「真実と正義を愛する心と、いっさいの暴力、うそやごまかしを許さない勇気をもつ」、「男女同権と両性の正しいモラルの基礎を理解する」などです。これをベースとしつつ、社会の発展の中で示される人権の発展、ジェンダー平等などの到達を絶えず学んで、認識をアップデートさせながら、社会に対して責任を果たしていく立場に立つことが大切です。

党も人間の集団ですから、気が合う・合わない、意見や価値観が違うなどのことはあるでしょう。また、さまざまな困難や社会的風潮に影響され、党員であっても、市民道徳から外れた態度に陥り、ハラスメントを引き起こしてしまうことがあり得ます。しかし党は本来、綱領の実現を願う人たちでつくっている自覚的な集団です。日ごろから互いの入党の初心をリスペクトし合い、綱領と規約、大会決定に団結して、人間的に相互に高め合う気風をつくることが、ハラスメントを予防、根絶する道だと思います。

「指導とは納得である」

どうすれば、そうした党風をつくっていけるでしょうか。市田忠義党副委員長の『日本共産党の規約と党建設教室』（新日本出版社、２０２２年）には、たくさんのヒントが書かれています。

たとえば「中央委員会から支部にいたる党機関・党組織の相互の関係」は、任務の分担であって身分的序列ではないということです。「幹部風をふかすとか、えらぶるというのは、規約の精神に反する」（１１３ページ）と、市田副委員長は述べています。党機関が支部を指導するときも、その職場・地域・学園に責任を負っているのは支部であり、その職場・地域・学園の事情に最も精通しているのは支部であるという姿勢で、指導・援助していくことを強調しています。

このことは、党の過去の大会決定でも繰り返し強調されていることです。第11回党大会（１９７０年）の中央委員会報告で示された「指導とは何か」では、次のように述べています。

「正しい指導とは、命令ではなくして道理に立ち、実情にあったもので、すべての党員を納得させうるものでなくてはなりません。こうした納得をかちうることなしには、全党が自覚的規律によって結ばれるという保障はでてきません」（『前衛』第312号、1970年8月臨時増刊号）

これは、ハラスメントを防ぎ、克服するためにも大事な決定だと思います。

「マジョリティの特権」

差別や暴力、ハラスメントをなくしていこうと考えるときに、近年注目されている「マジョリティの特権」という考え方を知ることが、非常に大切だと感じています。たとえば私は女性なので、女性差別の問題というのは、自分自身にも覚えがある痛みとして、リアルに実感することができます。しかし、たとえば外国人差別についてどうかといえば、在日コリアンの皆さんが日々の生活の中で日常的に感じている痛みや恐怖、苦しみなどは、同じレベルで感じているとは言えません。性的マイノリティの皆さんが日々感じている痛み、苦しみ、壁も、異性愛者であり、トランスジェンダーではない自分は、感じないで済む、考えないで済む、変えようと声をあげるというエネルギーを使わないで済んでいるという「特権」を持っているわけです。

日本共産党は、政治的にはマイノリティです。ですから共産党員は往々にして、自分たちは差別される側であり、差別とたたかう側であり、そういう問題は全部わかっている、自分たちは差別なんてしない、という思い込みを持ちがちなところがあると思います。しかし「自分は差別なんてしない」と思っている人こそ、実は自らの特権的地位に無自覚だということにもなり、危険だということを知らなければなりません。

誰しもが、何かの点ではマイノリティですが、何かの点ではマジョリティです。そうした自覚を持ってこそ、「学び、自己改革をしていこう」、「お互いにリスペクトしよう」ということの大切さが、わかると思うのです。

8中総でも、党がジェンダー平等やハラスメントの根絶に取り組む際には、単に「対等な仲間」というだけでなく、「年齢や性別、経験、任務の違いによって権力的関係が生まれうることに自覚的であることが大事だ」（8中総の結語。文献パンフ38ページ）ということが確認されました。このことにも通じる考え方だと思います。

第4章

未来社会とジェンダー平等

――古典編

この章では、日本共産党が綱領で掲げている社会主義・共産主義の「未来社会」と、ジェンダー平等との関係について考えてみたいと思います。

1　マルクス、エンゲルスの女性解放論

日本共産党が理論的な支柱としている科学的社会主義の創始者、マルクスとエンゲルスは、今日で言うジェンダー平等につながる視点を、どのように示していたのでしょうか。

女性の解放を社会進歩の不可欠の課題として位置づけていた

マルクスとエンゲルスは、革命家としての生涯を通じて、自由と民主主義を一貫して追求し続けました。女性の権利の問題も、常にその重要な位置を占めていました。

いくらかでも歴史を知っている者ならだれでも、大きな社会的変革は婦人を発酵剤にしてしか起こりえないことも知っています。社会の進歩は美しき性〔醜い者たちも含めて〕の社会的地位を尺度として、正確に測ることができるものなのです。（1868年12月12日付、マルクスからルートヴィヒ・クーゲルマン〔在ハノーファー〕へ、『マルクス＝エンゲルス全集』、大月書店〔以下『全集』〕第32巻479〜480ページ）

ここで言う「美しき性」とは、女性を指しています。

マルクスの言葉の最後の部分は、エンゲルスが『空想から科学へ』でも紹介している、空想的社会主義者フーリエの有名な言葉「社会の進歩と時代の変化は、女性の解放の前進に照応してすすむ。社会秩序の衰退は、当然、女性の自由の縮小をもたらす」（『四運動の理論』、1808年）を念頭に置いたものです。マルクスもエンゲルスも、資本主義社会での女性の地位向上と男女同権を積極的に主張していました（ただし、「醜い者たちも含めて」という括弧書きには、「女性には美人も、そうでない人もいるけどね」というマルクスのルッキズム——女性の見た目の良しあしを男性が罪悪感なく論評するまなざし——を指摘せざるを得ませんが）。

女性参政権を早くから提唱していた

マルクス、エンゲルスは、女性参政権の問題を最もはやくから主張した革命家でした。1848年、二人がまだ20代だったときにドイツで革命が起こり、二人は「ドイツにおける共産党の要求」という声明を発表します。その最初の部分に、「21歳に達したドイツ人はすべて、選挙権と被選挙権をもつ」と書きました。ここで選挙権・被選挙権を「男子」「男性」に限らなかったところが大事なポイントです。

1789年フランス革命の「人権宣言」が、民主共和制と普通選挙権を宣言したものの、女性には「人権」を認めていなかったことは、よく知られています。革命議会である国民公会は、1793年10月、女性がクラブや大衆的結社をつくることをすべて禁止する法令を採択しました。当時の国民公会では、最も革命的で民主的とされたジャコバン派の代表者の一人が「しとやかであるべき女性が、公衆の面前で演説したり男たちと闘争することは、ゆるされることであろうか？　概して女は高尚なことを考えたり真剣に物事を考える能力に欠けている。したがってわれわれは、女は政治に口だしすべきではないと考える」と演説したそうです。こうした差別と抑圧に反対し、「女性の権利宣言」を発表して女性参政権を求めて声をあげたオランプ・ド・グージュは、「女性は断頭台にのぼる権利をもつのだから、演壇上にものぼる権利をもつべきである」との主張を逆手にとられ、女性の権利を求める主張と国民公会〝攻撃〟を問題視されて、１７９３年11月に断頭台で処刑されたのでした。

このフランスの共和制が打倒され、ヨーロッパからは普通選挙権も消えていた時期に、マルクス、エンゲルスは女性の参政権を革命の要求として掲げていたのです。

１８７７年にエンゲルスが、家族ぐるみで付き合いのある友人の女性に宛てて書いた手紙にも、次のようなくだりがあります。

あなたがまだ選挙投票に参加できないというかぎりで、選挙にはたいくつしたとおっしゃるのは、ごもっともだと思います。私たちが政権を握ったら、婦人は選挙権ばかりでなく、被選挙権をも持つことになり、また選挙演説をやれることにもなります。（1877年2月14日付、エンゲルスからイーダ・パウリ〔在ライナウ〕へ、『全集』第34巻202～203ページ）

これに続いてエンゲルスが、ロンドンの教育委員会では女性に選挙権・被選挙権があると述べて、自分は女性の候補者に票を投じたとし、次のように書いています。

その婦人は案の定七人の候補者中のだれよりも多数の支持票を獲得しました。それはとにかく、ご婦人がたは当地の教育委員会では、口数が少なく仕事をよくやって、平均すると、各人が男三人前にあたるということで、きわだった特色を示しています。（同前203ページ）

2021年2月、東京五輪組織委員長を務めていた森喜朗元首相が「女性がたくさん入っている理事会の会議は時間がかかります」との暴言を吐き、国内外からの批判を浴びて辞職に追い込まれました。この暴言の根底には、女性は組織の役員には向かない、女性を増やすと面倒だという、女性への蔑視がありました。エンゲルスは森氏とはまったく逆に、「女性は口数は少なく、1人が男性3人分の仕事をしている」と、教育委員として活躍する女性をリスペクトしています。女性の政治参加を推進する立場が確固としていたことがよくわかる手紙で、面白いなと思いご紹介しました。

同意＝真の愛情からなる性愛を肯定するとともに「売春」の廃止を展望していた

科学的社会主義の古典を読むと、マルクスやエンゲルスは、真の愛情からなる性愛関係を肯定し、「売春」の廃止を一貫して展望していたことがわかります。

1848年『共産党宣言』でマルクス、エンゲルスは、当時の家族が、資本、私的営利をもとにしており、こうした家族はブルジョアジーにとってしか存在しておらず、「プロレタリアの余儀なくされた無家庭と売春とがその補足物となってくる」と述べています。そして、資本主義社会を乗り越えた社会主義、共産主義の社会では、こうしたブルジョアの家族がなくなるとともに、「公私の売春」も消滅すると述べています。当時のブルジョアジーらからは、〝共産主義者は、婦人の共有性を実施しようとしている〟との攻撃がふりまかれていたそうですが、マルクスらは、それは「ブルジョアが自分の妻をたんなる生産用具としか考えていない」ことの証だと痛烈に指摘しています。

マルクス、エンゲルスらは、見せかけの一夫一婦婚――実際には妻にとっての一夫一婦婚であり、男性は不倫や買春をし放題――というブルジョアジーの欺瞞《ぎまん》を常に批判し、未来社会では、当事者同士の意思と同意にのみ基づく、対等な性愛関係が家族の土台となることを、繰り返し語っています。

第二一問。共産主義的社会は、家族にどのような影響を及ぼすであろうか？
答――それは、両性の関係を、当事者だけが関与して、社会は干渉できない純粋の私的関係にするであろう。共産主義的社会がこうできるのは、それが私的所有を除去し、子どもを共同で教育し、またこれによって従来の結婚の二つの基礎、すなわち私的所有による妻の夫への依存、および子どもの両親への依存をなくすからである。（1847年、エンゲルス『共産主義の諸原理』、古典選書『共産党宣言・共産主義の諸原理』139ページ）

> 一夫一婦婚は経済的原因によって生まれたのだから、この原因が消滅すれば、それも消滅するだろうか？
> それは消滅するどころか、むしろはじめて完全に実現されるであろう、と、こう答えても不当ではあるまい。というのは、生産諸手段が社会的所有に転化されるとともに、賃労働、プロレタリアートも消滅し、したがってある数――統計数に算定できる数――の女子が金銭とひきかえに肌身を提供する必要もまた消滅するからである。売春は消滅する。〔だが〕一夫一婦婚は、没落するかわりに、ついに一つの現実性になる――男子にとってもの。（1884年、エンゲルス『家族・私有財産・国家の起源』、古典選書103～104ページ）

エンゲルスは『家族・私有財産・国家の起源』で、売春についてや、未来社会における男女の性関係の展望について、次のように書いています（丸数字は引用者）。

> ①婚外性交は、他のすべてのものと同じくまさしく一つの社会的制度であって、

それは昔の性的自由を存続させる——男子のために。実際にはそれは大目に見られているだけでなく、とりわけ支配階級によってさんざんやられているのに、口先のうえでは非難される。だが実際には、この非難の的になるのは、それにくわわった男たちでは決してなく、女たちだけである。彼女たちは追放され排斥されるが、それは、こうして女性にたいする男子の無条件な支配を社会の根本法則であるともう一度宣言するためになされるのである。(古典選書92ページ)

②古来の婚外性交が現代において資本主義的商品生産によって変化させられ、それに適応させられていけばいくほど、つまりそれがあからさまな売春に転化していけばいくほど、それだけますます退廃的な作用をするようになる。しかもそれは、女子よりも男子のほうをずっとひどく退廃させる。売春は、女子のあいだでは、ただそういう不幸な目にあっている者だけを堕落させるのであり、それさえも普通考えられているほどひどく堕落させることは決してない。それに反して、売春は男子世界全体の品性を低下させる。(103ページ)

③第一に、それは、愛されるほうにもそれにこたえる愛のあることを前提とする。そのかぎりで女は男と平等である(中略)。第二に、異性愛には、相手とい

っしょになれずに別れることは最大ではないまでも大きな不幸であると双方に思わせるほどの強烈さと持続性とがある。（中略）そして最後に、性交を判断するための新しい道徳的尺度が生まれ、その性交が婚姻内でのものだったか婚姻外でのものだったかということだけでなく、それが相互の愛情から起こったものだったかどうかも、問題にされる。（105～106ページ）

3つの文を引用しました。

①では、売春の温存は「女性にたいする男子の無条件な支配」を社会の根本法則だと宣言することだと指摘しています。すなわち、性売買はジェンダー不平等の原因でもあり結果でもあるのだという認識を、エンゲルスも持っていたということです。

②では、性売買が堕落させるのは、誰よりも、性を買う男性であると喝破していいます。今日でも、もっぱら性を売る女性ばかりが「堕落している存在」だと見なされ、差別や偏見の対象となる一方、買う男性はおとがめなしという不公平・非対称がまかり通っていますが、エンゲルスは、売春の横行は男性全体の品性を低下させると糾弾しています。

③では、未来社会においては「性交を判断するための新しい道徳的尺度」が生まれ、結婚しているかどうかだけでなく、それが相互の愛情に基づくものかが重視されるようになると展望しています。

いずれも卓見だと思います。科学的社会主義の先人たちのこの展望を、私たちは引き継いで、ぜひとも花開かせていきたいと思うのです。

2　あらゆる性差別、性暴力の根を断つ

科学的社会主義の古典の中で、なぜ現代の社会は男女不平等となってしまっているのかの歴史を詳しく解明し、男性中心の社会から男女平等の社会への変革をとげるには、社会のどんな変化が必要なのかの研究をまとめているのが、前出のエンゲルス『家族・私有財産・国家の起源』です。

『起源』は、人類社会の出発点である原始共産社会においては、女性への差別はな

かったことを明らかにしました。男性のグループと女性のグループが集団的に結び合う「集団婚」が最初の婚姻の形態であり、その時代が長期にわたって続きました。そのもとでは、親子の系列は母親の系統でしかたどることができず、子どもは母親の氏族に所属し、男性は異なる氏族から出稼ぎ的にこちらの氏族に来ているだけなので、子どもに対して権利がないという、「母権制」の社会でした。その点で、女性は自由な地位ばかりでなく、高い尊敬をはらわれる地位を占めていたのです。男性は外に狩猟や漁労に出かけ、食物の原料を手に入れてきます。女性は家事や衣食の用意に従事し、氏族の運営を切り盛りします。どちらもが氏族社会にとっての「公的活動」であり、そこに優劣はありませんでした（ただし「女性も狩りに参加していたことが明らかで、『男は狩り、女は採集』は神話」だとする研究も、２０２３年6月、米国の大学の研究チームから発表されています）。

しかし時代が進み、集団婚から、男女のペアの持続性がより高い「対偶婚」に婚姻形態が変わってきます。こうなると、父親と子どもの親子関係もはっきりしてくるようになりました。そして、物質的生産が発展してくると、男性が主に担ってきた生産活動の比重が増すとともに、私有財産が生まれ、それを誰が所有するかが問題になっていきました。かつては氏族の共有財産でしたが、母権制のままでは、男性が自分の子どもに財産を相続させることができません。そこで、子どもの所属を、母親ではなく父親の氏族にするという「決議」が行われたのです。これにより、母権制は転覆させられました。エンゲルスは次のように書いています。

母権制の転覆は、女性の世界史的な敗北であった。男子は家庭内でも舵《かじ》をにぎり、女子はおとしめられ、隷従させられ、男子の情欲の奴隷かつ子どもを生む単なる道具となった。（古典選書79ページ）

この歴史の解明からは、男女の不平等は、体のつくりの違いなどから来る宿命ではなく、変えることができるのだという確信と展望を、つかむことができると思います。『起源』でエンゲルスは、この歴史を踏まえて、「女性の解放には、全女性の公的産業への復帰が第一の先決条件」であると述べ、それを支えるために、「私的家政」、すなわち子どもたちの扶養と教育を、個々の家族に押しつけるのでなく「社会的産業に転化」させなければならないということを唱えています。実にきっぱりとした、男女平等、ジェンダー平等の立場の宣言だと思います。
男女の地位の格差の土台となっていた経済的桎梏《しっこく》（手かせ、足かせ）が取り払われたときにこそ、先ほど述べた「家族」のあり方、男女の性愛関係の変化、発展も展望できます。

一夫一婦婚からまったく決定的になくなるだろうものは、一夫一婦婚が所有関係から発生したものだということがそれに刻印した一切の性格である。そしてその性格は、第一に男子の優位であり、第二に婚姻の解消不可能である。結婚生活における男子の優位は、男子の経済的優位の単なる結果であり、後者がなくなればおのずとなくなる。（中略）

（では、一夫一婦婚に――引用者注）なにがつけ加わるだろうか？　それは、新しい一世代が成長してきたときに決定されるであろう。すなわち、その生活中に一度も金銭ないしその他の社会的な権力手段で女子の肌身提供を買いとる状況にであったことのない男子たちと、真の愛以外のなんらかの顧慮から男子に身をまかせたり、あるいは経済的結果をおそれて恋人に身をまかせるのをこばんだりす

る状況に一度も出あったことのない女子たちとの一世代が、それである。（同前112〜113ページ）

すべての人間の自由と解放を目指す、私たちの立場は、性差別、性暴力の根を断つ壮大な目標と重なっている――このことを大いに嚙《か》みしめて、歩みを進めていきたいと思います。

（参考文献）
＊不破哲三「社会進歩と女性――『女性の世界史的復権』の時代が始まっている」（『マルクスとともに現代を考える』〈２０１０年、新日本出版社〉所収）
＊不破哲三『講座「家族、私有財産および国家の起源」入門』（１９８３年、新日本出版社）
＊谷本諭「科学的社会主義の創始者は、女性解放をどう位置づけたか」（『前衛』２０２３年８月号）

補章　みんなで議論し、考えよう

――Q＆A

ここでは、全国各地でのジェンダー学習会で出された質問から、いくつか印象的だったものを取り上げます。私なりの回答を書いてみましたが、ぜひ皆さんならどう答えるか考えてみてください。

Q1 「ご主人」「奥さん」という呼び方は、ジェンダーの観点から問題だとは思うのですが、他に適切な言葉が見つかりません。どうしたらいいでしょうか？

これは本当にたくさん寄せられる質問です。私は、「おつれあい」や「パートナーの方」という言い方をおすすめしています。これであれば、カップル間に主・従や表・奥の関係を持ち込まないで済みますし、同性同士のカップルにも使えるからです。

しかし、現実の生活の中では私自身も苦労があります。私は自分の家族については「夫」という言葉を使いますが、党外の同世代の知人は圧倒的に「主人」を使っています。その場合、それをいちいち「おかしい」と指摘するのもはばかられますから、「ご主人はお元気？」のように、相手の方に合わせることもあります。親しい間柄であれば「夫さんはお元気？」と聞いたりしますが、「妻さん」という言葉は使いづらく、結局「奥さん」を使うことが多いです。日本語にふさわしい言葉がないのが、やはり苦労のみなもとです。

実はこの議論の歴史は長く、1955年の日本母親大会では、すでに「主人と呼ばず夫と呼ぼう」という提案がされていたそうです。また、1975年には「国際婦人年をきっかけとして行動を起こす女たちの会」が、夫婦は対等という視点から「主人」を「夫、つれあい、配偶者」、「ご主人」を「ご夫君」と呼び方を変えるよう、NHKに提案しました。夫婦の関係性は、ここ数十年の間にもかなり変わってきたと思いますが、呼称問題についてはまったく進展がないのですね。言葉遣いは文化であり、相当根強いのだと思います。

言葉にひそむジェンダーに敏感になり、できるだけジェンダー平等な呼称を使う場面を増やせるように、それぞれが試行錯誤を繰り返していくしかないと思います。

Q2　女性議員を増やすのは大事だと言われても、「女性なら誰でもいい」とも思えないのですが？

確かに、自民党で政権の要職についている女性議員たちには、選択的夫婦別姓制度や同性婚の実現に断固反対だったり、性暴力被害者に「女性はいくらでもウソをつく」といった暴言を吐いたりと、ジェンダー平等に逆行するふるまいをする人たちが多いので、そのように感じるのはよくわかります。ただ、考えたいのは、彼女たちと同じ主義主張の男性議員は、その数倍の数に上るという事実です。ある人が「どうせ同じレベルで悪いなら、男女半々の議員構成にした方が、少なくともジェンダーギャップを埋めることができるだけましだ」と言っていましたが、私もそうかもと思いました。

いまの「男性中心の政治」の体制を脅かさないからこそ、そういう女性議員たちが重宝され、とりたてられ、目立つのです。まずは、「女性がいない民主主義」と言われるような政治の風景を変えることに踏み出しましょう。それと同時並行で、男性であっても女性であっても、ジェンダー平等・人権感覚にすぐれた、中身のいい政治家をたくさん議会に送り出す努力をしましょう。

Q３　「官製婚活」や、新入学の子どもへの自治体からのプレゼント（ランドセルなど）が女子は赤、男子は黒と色分けされているなどの事例について、どう思いますか？

地方自治体が「人口対策」で行っている事業の中には、ジェンダーやリプロ（性と生殖に関する自己決定権）の視点から、問題を感じるものがあります。

「少子化は結婚しない若者のせい」「少子化は子どもを産まない女性のせい」といった価値観の押しつけになっていないか。性的少数者の存在がないものとされていないか。「男はこうあるべき、女はこうあるべき」というジェンダーのステレオタイプにはまっていないか。敏感な目でチェックしたいものです。

結婚するかしないか、子どもを持つか持たないかなどに対して、行政が介入すべきではありません。「結婚したいができない。支援がほしい」という要望を持つ人に対し、自治体が何らかの支援を行うことを否定はしませんが、実際には、よくある「婚活セミナー」などを開くことよりも、若者への経済的支援の拡充、社会保障の充実、幼少期からのまともな性教育を行うことなどをこそ、真剣に行うべきだと考えます。

Q４ 性的マイノリティへの配慮から、書類から性別欄をなくす動きが進んでいますが、入党申込書に性別欄があるのはどうしてですか？

出生時に割り当てられた性別に違和感を持つトランスジェンダーの方にとって、書類に性別の記入を求められること自体、苦痛を覚えることです。また、書類上の性別と見た目の性別とが異なることから、さまざまなハラスメントや差別、偏見を受けやすいという問題があります。今、高校の入学願書、履歴書、選挙の投票所入場券などから性別欄をなくす動きが広がっており、日本共産党も「公的書類における不必要な性別欄を撤廃します」との政策を掲げています。

党内のさまざまな書類からも、不必要な性別欄の撤廃は、この間、進めてきています。党大会代議員や党の機関役員の女性比率を高めていくために、男女比率をつかまなければならない場面がありますので、性別欄がある書類もありますが、その場合も「男・女」のどちらかに○をつけるという形式ではなく自由記述式とし、自認する性別を書いていただけるようにしていますし、空欄でも受け付けるようにしています。

入党申込書についても性別欄は自由記述式ですが、そもそも欄が必要かどうか、さらに議論を深めていきたいと思っています。

Q5「性の多様性」を認めすぎると、何でもありになってしまいませんか？

性的指向や性自認が多様なものであることは、間違いありません。ただ、他者の人権を侵害するようなものに関してまで、「多様性の尊重」という言い方で肯定することはできないし、すべきではないと考えます。

2023年3月、英BBCが放送したドキュメンタリー番組を端緒に、故・ジャニー喜多川氏による少年たちへの性加害が明るみに出ました。子どもに性嗜好《しこう》を向ける人は「小児性愛者」と呼ばれますが、これは絶対に「性の多様性」の一種として認めるわけにはいきません。「小児性愛」は「愛」ではなく「病」であり、子どもに対する性暴力、性虐待であるという本質をつかむ必要があります。

日本共産党は「市民道徳と社会的道義をまもり、社会にたいする責任をはたす」と規約で掲げている党として、恋愛や結婚、性の問題も、社会進歩、人間社会の発展に添った方向でとらえることを大切にしたいと考えています。今日のさまざまな男女観、人間観の歪《ゆが》みに影響されたり、誤った「個人主義」の傾向に流されたりして、不倫、無軌道な性行為、性風俗への耽溺《たんでき》など、人間の尊厳をおとしめるような方向での性行動に走ってしまうことは、社会進歩を推し進めようとする党員としての初心から完全に外れる行為であり、社会変革の事業にマイナスの影響をもたらします。

「人間の尊厳」をキーワードに考えていくことが大事だと思っています。

Q６　女性が性差別に声をあげたとき、なぜかほかの女性が「そんなことを問題にするのはおかしい」「私は困っていない」と責めることが多々ある気がします。そういう女性の心理とは、どういうものなのでしょうか？

自分は嫌な気持ちを我慢しながら、顔で笑って心で泣いて頑張ってきた、という自負があるのかもしれないと思います。自分のこれまでの頑張りや苦労が否定されたと感じたり、「声をあげないなんて意識が低い」と馬鹿にされたと感じたりしてしまうのかもしれません。

同時に、「ジェンダー平等」に進むことをこころよく思わない勢力が、メディアやSNSを利用して、意図的に「女VS女」の構図をつくってみせているということもあるのではと思います。

人権にかかわる問いかけは、一人ひとりの生き方、価値観をゆさぶるものなので、さまざまな否定的な反応も生まれることは避けられません。だからこそ私たちは、声をあげた人を一人にしない、「With You」の姿勢で頑張っていくことが必要ではないでしょうか。

Q７　国会議員や幹部の女性比率を上げることは大切だと思いますが、「あんな過酷な活動はできない」と女性が思ってしまうような働き方の問題も大きいと思います。どう考えますか？

おっしゃる通りだと思います。ある自治体で、地方議会に女性候補者を増やすことに難色を示していた男性議員が、議員団での学習会を通じてジェンダー政策の核心部分を理解し、これまでの議員としての活動の苦労を率直に語りながら、「自分のような働き方をさせたくなかったんだ」と初めて言葉にし、その後、地区のジェンダー平等委員を自ら引き受けて積極的にこの課題に取り組み始めた、という例がありました。

ある県では、女性の県役員を7人から11人に増やしました。最初は皆、家族のケアと県役員としての活動の両立への不安から、固辞したそうなのですが、第28回党大会が示したジェンダー平等を党自らが実践することが必要だと、それぞれ決意をしてくれたそうです。女性たちと話をしながら、県委員長さんも、「これまでの党活動が男社会で組み立てられているので、女性には矛盾が生まれてしまう」「『ねばならない』では女性は役員はできない。悩みを共有する姿勢が大事だ」との気づきを得た、と話されていました。

そのような議論が、この間、全党で行われているところです。世代、性別、バックグラウンドがさまざまな党員たちが、みんなで持てる力を出し合い、互いに助け合いながら活動していける党に成長していきたいと思います。

Q８　ジェンダーの問題を年配者に伝えるには、特別の工夫がいると思います。ジェンダーバイアスの中で生きてきた人たちに、どうしたら伝えられるでしょうか？

ジェンダーの問題で完璧な人は誰もいません。ですから、ジェンダー問題の学習会を開くときも、主催者側も含めて参加者全員が、さまざまな歪みや遅れを内面化しているんだという前提に立って、行うことが大事だと思います。

「自分の認識の立ち遅れを責められるのではないか」という思いから、発言や質問をしないでおこうと思ったり、場合によってはそもそも学習会に来なかったり……ということになっては、もったいないですよね。

ある県で行ったジェンダー学習会では、最初に主催者が「発言のルール」として、「人の話を途中でさえぎらない」「どんな意見も否定しない」などの決まり事を確認し、少人数のグループに分かれて、全員が安心して討論し、認識を深められるように工夫して運営していました。

こういう問題について学び始めたばかりの人ほど、ジェンダーについてまわりの人が無理解、無関心だと感じると、怒りが爆発してしまうということが起こりやすくなるそうです。少し前までの自分を見るようで、つらいという心理が働くのかもしれません。だから、「まだそんなこと言っているの」「そんなことも知らないの」と、激しく問い詰めたくなってしまうのです。

できればそうではなく、「自分も以前はそういう風に思っていた。でも、こういうことを学んで、見方が変わったんだ」というように、話をしていけたらいいなと思っています。

おわりに

日本共産党が第28回大会（2020年1月）で綱領に「ジェンダー平等」を掲げてからの4年間は、ジェンダー平等が日本社会の中心課題に躍り出る、大きな変化の4年間ともなりました。男女賃金格差や女性の国会議員・閣僚の少なさなど世界でも異常なジェンダーギャップ、自衛隊内や芸能界での性暴力・ハラスメントを告発するたたかい、同性婚や自認する性別で生きる権利の尊重を求める裁判など多様な性を認め合う社会を目指す動き、選択的夫婦別姓の導入や女性差別撤廃条約選択議定書の批准を求める運動などが、国民の共感・注目を集め、メディアでも大きく報じられるようになっています。

「女性がいる会議は長い」との女性蔑視発言を行った森喜朗東京五輪組織委員長が、15万人超のオンライン署名に代表される世論の広がりによって辞任に追い込まれるなど、社会の空気は、数年前とは明らかに変わりました。ジェンダーギャップ指数で146か国中125位（2023年）と、ジェンダー平等が大変遅れた日本ですが、社会の底深いところでは、巨大な変化が起きていると実感します。

一方で、バックラッシュ（逆流）も強まりました。若年女性支援に取り組む団体へのインターネット上での激しいバッシングと実際の活動現場での妨害、LGBT理解増進法の成立への抵抗・妨害、トランスジェンダーへの差別言説を政治家が率先して流布している問題などがそうです。日本会議や統一協会などの改憲右派勢力が、組織的にこれらのバックラッシュを煽《あお》っていることも、明るみに出ました。ジェンダー平等を進めるには、国民一人ひとりがジェンダー平等についての意識をアップデートしていくこととともに、戦前の家父長制的な古い価値観にしがみつく勢力、女性を性搾取し続けようとする勢力の抵抗や妨害を打ち破らなければならないことも明らかになった4年間でした。

私自身は、綱領改定後、党中央委員会に設けられたジェンダー平等委員会の事務局長になりましたが、その直後にコロナ禍が始まり、党がジェンダー平等を掲げた意味を、すぐさま痛感することとなりました。国連女性機関（UNウィメン）が2020年3月下旬に発出した声明「新型コロナ対策にジェンダーの視点を」を、ジェンダー平等委員会はいち早く日本語に翻訳し、この見地に立って日本でのコロナ対策にジェンダーの視点を入れ込むべきだとする党としてのアピール（4月24日）を発表し、「働く女性、シングルマザー、妊産婦への手立て」「女性と子どもに対する暴力・虐待の防止」「コロナ対策の意思決定への女性の参加の保障」の3点を求めました。この活動は、労働組合女性部の方や国際的視野に立って女性運動をしてこられた方々から共感され、「しんぶん赤旗」に掲載したUNウィメンの声明の全文訳が、さまざまな団体の要請活動の資料として活用されるなど歓迎されました。全国でも同様の見地に立った申し入れや議会質問が取り組まれ、「特別定額給付金をDV・虐待被害者が直接受け取れるように」「生理用品の無償配布」「ケア労働者への慰労金の支給」「休業補償を非正規労働者にも」など、切実な声を政治に届ける奮闘が広がりました。

この4年間には、ほかにも、男女賃金格差の公表制度の実現、刑法改正による不同意性交等罪の創設、「痴漢ゼロ」が政府の方針となったことなど、さまざまな前進がありました。国民の苦難軽減に取り組む際には、常にジェンダーの視点が求められること、その視点を持って党が取り組むならば、これだけ力強く運動が広がり、政治を前に動かしていけるのだということが実感できました。

党の自己改革の努力も始まり、党に新しい風が吹き始めています。意思決定機関に女性を増やす努力が進み、女性の県役員の割合は26・4パーセント（第27回党大会直後の党会議）から30・7パーセント（第28回党大会後の党会議）に、地区役員は28・0パーセントから30・1パーセントへと前進しました。女性地区委員長の数も17人から31人へとほぼ倍増しました。女性の県役員を増やした県委員会からは、「会議が明るくなり、新しい層との結びつきがどんどん出され、議論が新鮮になった」との変化が報告され、「地区委員会や支部会議などでも、ジェンダー問題が普段の会議で気軽に語られ、率直な指摘ができる人間関係が築かれつつあることは重要な変化だ」などの声も聞かれます。改定綱領が、何でも率直に言い合える党風をつくる力になっていることは重要です。もちろん、努力と変化はまだ緒についたばかりであり、これからも不断の努力が求められています。

日本共産党は、結党から100年を超える歴史を持つ、日本で最も歴史ある政党です。創立以来、国民の苦難軽減、男女の同権、民主的な国づくりを掲げ、どんな時代の荒波の中でもその旗を守り、歴史を刻んできました。事実と科学的方針に立脚し、理性と人間性みなぎる党づくりをしようと努力してきました。こういう党だからこそ、ジェンダー平等を自ら実践し、ハラスメントを根絶するという点でも、世界でも最先端の水準へと前進していけると思います。

ある人が、ジェンダー学習会に出た感想で、次のように語ってくれました。「自分が変わる、党も変わる、それが社会を変える力になる」。まさにその通りです。党自身がジェンダー平等を実践してこそ、日本社会をジェンダー平等の社会に変えていく取り組みにも貢献できます。「変わる」ことは、面倒だとか、不安だ、こわい、と感じるかもしれませんが、これはより良い未来をつくっていくために必要な成長であり、喜びなんだということを訴えたいと思います。

読者の皆さんとともに、私自身も、これからも学び続けていきたいと思っています。

本書を書くにあたっては、ジェンダー問題の専門家や、多彩な要求を掲げて運動に取り組まれている方々の講演、記事、文献等から多くを学びました。本文中ではすべてをご紹介しきれませんでしたが、この4年間、日本共産党にご教示、ご協力をいただき、運動をともにしてくださった皆様に、心からお礼を申し上げます。

本書は私の初めての単著となります。最初に出版のお話をいただいたときには、「ジェンダー平等委員会の仕事も党のジェンダー政策も、私個人のものではないから」と、単著として出すことをためらいました。しかし、ジェンダー平等委員会の会議で相談したところ、「個人名で書くからこそ伝わるものもあるのではないか」「坂井さんは実際に各地に講師として呼ばれているのだから、その中で語っていること、深めてきたことを、ぜひ本にして私たちにも共有してほしい」と、皆が背中を押してくれました。党がジェンダー平等を綱領に掲げて以降、新しいことにも果敢に挑んできた、ジェンダー平等委員会のメンバーをはじめとする党の仲間の皆さんがいてくれたからこそ、書くことができた本です。心から感謝いたします。

また、各地の学習会に参加してくださった皆さん、ありがとうございました。皆さんからのさまざまな質問や感想に、私もたくさんのことを気づかされ、学ばされてきました。党が「ジェンダー平等」を掲げたことに希望を見いだし、熱心に学習会を計画し、討論や実践の先頭に立っている全国の皆さんに、「これからもともに頑張りましょう」という気持ちを込めて、本書を書きました。

新日本出版社の鈴木愛美さんは、企画から本書の完成まで、大変な情熱を持って取り組んでくださいました。「運動や実践の話も盛り込んで、ジェンダーが自分事になるような本に。日本共産党がもう一歩、近い存在と感じられるような本に」という鈴木さんの言葉が、書き上げる上での指針となり、励みとなりました。ジェンダー平等な社会へのイメージが広がる、素敵な装丁をしてくださった佐藤克裕さんにも感謝申し上げます。

ジェンダー平等を願う、すべての方への連帯の気持ちを込めて、この本を送り出します。

２０２３年11月

坂井　希

坂井　希（さかい・のぞみ）
日本共産党ジェンダー平等委員会前事務局長。1972年生まれ。東京大学教育学部卒。在学中、「就職難に泣き寝入りしない女子学生の会」初代代表をつとめる。著書に『就職難に気が重いあなたへ 時代と生き方を考える』（共著、新日本出版社、2003年）がある。

あなたと学《まな》ぶジェンダー平等《びょうどう》

2023年12月25日　初　版
2024年 5 月20日　第2刷

著　者　坂井　希
発行者　角田真己

郵便番号　151-0051　東京都渋谷区千駄ヶ谷4-25-6
発行所　株式会社　新日本出版社
電話　03（3423）8402（営業）
03（3423）9323（編集）
info@shinnihon-net.co.jp
www.shinnihon-net.co.jp
振替番号　00130-0-13681
印刷・製本　光陽メディア

落丁・乱丁がありましたらおとりかえいたします。

ISBN978-4-406-06772-0 C0031　Printed in Japan